全球化

Globalization: A Very Short Introduction

Globalization: A Very Short Introduction

全球化

斯蒂格(Manfred B. Steger)著

丁兆國 譯

OXFORD
UNIVERSITY PRESS

OXFORD
UNIVERSITY PRESS

Oxford University Press is a department of the University of Oxford.
It furthers the University's objective of excellence in research, scholarship,
and education by publishing worldwide. Oxford is a registered trade mark of
Oxford University Press in the UK and in certain other countries

Published in Hong Kong by
Oxford University Press (China) Limited
39/F, One Kowloon, 1 Wang Yuen Street, Kowloon Bay, Hong Kong

This Orthodox Chinese edition © Oxford University Press (China) Limited

The moral rights of the author have been asserted

First edition published in 2017

全球化

斯蒂格(Manfred B. Steger)著

丁兆國 譯

ISBN: 978-0-19-943364-3

1 3 5 7 9 10 8 6 4 2

English text originally published as *Globalization: A Very Short Introduction*
by Oxford University Press © Manfred B. Steger 2003

目錄

前言

　　針對像全球化這樣一個複雜的話題寫一本簡短易懂的入門書，並不是一件容易的事情；而要寫一本非常簡短的入門書，這一挑戰就更加令人望而生畏了。因此並不奇怪，在現在僅有的幾本關於這一主題的入門書中，作者只選擇了討論全球化的一個方面——通常是新興的全球經濟系統、歷史、結構、預期的好處和不足。雖然這些有限的論述有助於解釋錯綜複雜的國際貿易政策，全球金融市場，全球貨物、服務和勞工的流動，跨國公司，海外金融中心，對外直接投資以及新型的國際經濟機構，但它們也使得一般讀者粗淺地認為全球化主要是一個經濟現象。

　　誠然，關於經濟問題的討論肯定是全面論述全球化的重要組成部分，但不應該把兩者混為一談。本書將證實，最好把全球化看成一組多向度的社會進程，而不能把它局限在任何單一的主題框架內。全球化的轉變性力量確實已深入到了當代社會生活的經濟、政治、文化、技術及生態的各個方面。

　　此外，全球化充滿意識形態的敘述形式包含了重要的推論，它給公眾提出了一個特定議程；這個議

程與它要討論的話題、要問的問題以及要闡明的主張有關。這些敘述的存在表明,全球化不只是一個客觀的進程,而且還是眾多定義、描述和分析這一進程的敘事。在有關全球化的這些眾說紛紜的說法背後存在着一種社會力量,它想要賦予這一新的流行詞語以規範、價值和意義。它不但推進着特定權力的利益並使其合法化,還塑造着幾十億人的個體和集體身份。為了認清這些說法採用的策略,任何介紹全球化的入門書都應該審視它的意識形態向度。畢竟,在課堂、會議室和街頭巷尾,人們圍繞着應該把全球化看成「好」事還是「壞」事這一問題展開了熱烈的討論。

在本書的寫作過程中,作者深刻意識到,全球化研究超出了當前既定的學術領域。它雖然缺乏一個堅實的學科基礎,卻包含了巨大的機遇。「全球化研究」是一個新興的學術領域,它跨越了傳統的學科界限。它注重全球化研究的跨學科性,要求學習全球化的人熟悉各種學科文獻,而以前人們經常孤立地研究這些文獻。因此,當今全球化研究面臨的最大挑戰在於,以某種方式聯繫與綜合各種知識,從而正確對待我們後現代世界日益加劇的流動性和相互依存的本質。總而言之,全球化研究需要一個寬廣的跨學科視角,從而能讓人一眼窺見「全貌」。長久以來,專家使得學術通才黯然失色,而這樣一個全面的思想計劃可能會讓後者重振旗鼓。

最後，我再說幾句澄清的話。雖然本書主要目的在於以描述和解釋的方式為讀者講解全球化的各個向度，但細心的讀者會發現，本書自始至終都貫穿着一個潛在的、批判的聲音。然而，儘管我以質疑的眼光來看待全球化當代形式的本質和效應，但這並不等於說我完全否定這一現象本身。我認為我們應該對下面這一事實感到欣慰：世界正在成為一個日益相互依存的地方，人們將擁有更多的機會認識與接受他們共同的人性。只要全球範圍內思想和商品的流動、技術的飛速發展及更加有效的環保與所有人更高形式的自由和平等保持一致，我就歡迎以全球化之名進行的社會結構的進步性變革。我批判的矛頭針對的是全球化某些特定的表現和趨勢，我覺得它們並不符合世界主義的美好景象———一個更加平等與和平的全球秩序。

我很想在這裏表達一下我的感激之情。首先，我要感謝夏威夷大學馬諾阿分校全球化研究中心的同事和朋友，他們自始至終都在支持我的研究工作。我也特別感謝伊利諾伊州立大學的同事，特別是賈邁勒‧納薩爾(Jamal Nassar)和萊恩‧克羅瑟斯(Lane Crothers)，他們閱讀了本書的部分底稿，並提出了有益的建議。我還要深深感謝全世界的眾多讀者、評論家和聽眾；幾年來，對於我就全球化這個主題的公開演講和著述，他們提出了富有真知灼見的評論。

感謝夏威夷大學馬諾阿分校社會學系主任埃爾

登·韋格納(Eldon Wegner)，他為我提供了寶貴的辦公場所以及教授社會理論夏季課程的機會。我還要感謝我的研究生助教坎尼(Ryan Canney)，他熱情地協助了我的研究。

在這裏特別值得提到的是我在檀香山全球化研究中心的好朋友，勤奮的研究專家布羅斯威莫(Franz J. Broswimmer)，他為我提供了關於全球化歷史和生態方面的寶貴資料。還要感謝牛津大學出版社的本書編輯謝利·考克斯(Shelley Cox)，他專業精湛，能力高超。最後，一如既往，我要感謝我的妻子珀爾·貝瑟曼(Perle Besserman)對我不懈的支持。許多人都曾幫助我提高本書的質量，但其中出現的缺陷和不足由我個人負責。

縮略語

AOL	美國在線
APEC	亞太經濟合作組織
ASEAN	東南亞國家聯盟
BCE	公元前
CE	公元
CEO	首席執行官
CFCs	氟利昂
CITES	《瀕危野生動植物種國際貿易公約》
CNN	有線新聞網
CNBC	全國有線廣播公司
EU	歐盟
FTAA	美洲自由貿易區
G8	八國集團
GATT	關貿總協定
GDP	國內生產總值
GNP	國民生產總值
INGO	國際非政府組織
IMF	國際貨幣基金組織
MAI	多邊投資協定
MERCOSUR	南方共同市場
MTV	音樂電視
NAFTA	北美自由貿易協定
NATO	北大西洋公約組織
NGO	非政府組織
OECD	經濟合作與發展組織
OPEC	石油輸出國組織
TNCs	跨國公司
UN	聯合國
UNESCO	聯合國教科文組織
WTO	世界貿易組織

圖片鳴謝

第一章
全球化：一個有爭議的概念

2001年秋，我為一個本科班開設現代社會政治理論課程。此前不久，恐怖分子襲擊了世界貿易中心和五角大樓，大多數學生還沉浸在悲痛之中，他們覺得難以理解我在課堂上講授的內容，無法把宗教激進主義的暴力與一幅展現發達技術、正在進入全球化的現實世界圖景聯繫起來。「我理解『全球化』是一個富有爭議的概念，它有時指自相矛盾的社會進程，」教室後排一個充滿靈氣的歷史專業的學生不無諷刺地向我發問，「但是，電視上那個住在阿富汗山洞裏的宗教狂熱分子正在譴責現代性和世俗主義，你怎麼能認為他的形象充分表現了全球化的綜合動因？難道恐怖主義的惡行不正是在表現着相反的一面，即地方主義勢力的發展會破壞全球化的進程嗎？」顯然，這個學生是在指出生於沙特阿拉伯的「阿爾蓋達」組織領導人奧薩瑪·本·拉登(Osama bin Laden)，他在10月7日通過錄像帶向全世界發表聲明，譴責「國際社會的異端行徑」。

強烈的求知慾促使這個學生提出這樣的問題，同

時我也意識到，全球化作為目前流行的一個術語，它的含義模糊不清；若不借助於現實生活中的事例使它具體化，它會永遠讓人覺得神秘費解。因此，在繼續對全球化作出界定、分析和澄清之前，我們不能以抽象的方式來切入主題。我認為應從上文提到的錄像帶出發來思考這個問題，答案很快就會水落石出——對那些形象進行的解構分析，為什麼會有助於理解全球化這一現象的本質和動因。

解構奧薩瑪‧本‧拉登

那盤聲名狼藉的錄像帶沒有日期，專家們估計它是在播出前兩個星期內錄製的。為了達到最佳效果，錄像帶的發佈時間似乎經過精心策劃，正好趕在美國對阿富汗的塔利班和「阿爾蓋達」組織發動空襲的那一天。雖然奧薩瑪‧本‧拉登和他的高級幕僚躲在偏僻的山區，但他們肯定擁有高科技錄音設備。而且，「阿爾蓋達」組織成員消息靈通，他們顯然能夠快捷地利用複雜的信息和通訊網絡，在確切的時間掌握有關國際形勢。本‧拉登曾義正詞嚴地譴責現代性的力量，但正是依靠20世紀最後20年發展起來的高科技，他領導的組織才能得以順利運行。

為進一步說明這個明顯的矛盾，我們可以分析國與國之間複雜的依存鏈，依靠它，本‧拉登的信息才能傳送給世界各地的億萬電視觀眾。錄像帶從阿富汗

東部封閉的大山裏一路飛到了首都喀布爾，然後又不知由誰帶到了當地卡塔爾半島電視台的辦公室外。五年前，國家出資修建了半島電視台這一電視網絡；作為一個阿拉伯語的新聞時事頻道，當時它僅提供有限的幾個節目。在半島電視台設立之前，阿拉伯國家根本就沒有最前沿的電視新聞業——如可自由表明立場的公眾話題採訪和觀眾可電話參與的現場訪談節目。然而在僅僅不到三年的時間裏，在被歐美火箭和宇宙飛船送入軌道的衛星的強大支持下，半島電視台就開始為中東觀眾晝夜不停地播放一系列令人目不暇接的節目了。

事實上，隨着圓盤式電視衛星天線體積的縮小和大幅降價，半島電視台的市場份額又進一步擴大了。不經意間，人們發現，即使低收入人群也能買得起這類技術設備。在世紀之交，五大洲的人們已可以全天24小時觀看半島電視台的節目。2001年，半島電視台總裁與有線新聞網——美國在線——時代華納超級跨國公司旗下的一家主要的新聞網——簽署了一項能帶來巨大利潤的合作協議，從而進一步加強了半島電視台在全球的擴張。幾個月後，當全世界都在關注阿富汗戰爭，半島電視台已然成為一家勢力強大的全球性媒體。它可以把設備租賃給一些重要的新聞媒體，如路透社和美國廣播公司，還能向美聯社和英國廣播公司出售衛星時段，甚至還與另外一家美國全國有線廣

播公司合作，別出心裁地設計了一個阿拉伯語的經濟新聞頻道。

由於不受國界和地形的限制，這些四處擴張的新聞媒體之間能夠有效地開展合作。僅在奧薩瑪·本·拉登的錄像帶送到位於喀布爾的半島電視台辦公室幾個小時後，有線新聞網就得到並播放了這盤錄像帶的副本。布殊（Bush）政府對當代神速的信息交換始料未及，於是要求卡塔爾政府「約束控制好半島電視台」，宣稱未經事先磋商就輕易播出本·拉登的錄像帶會導致阿拉伯國家反美情緒高漲，從而威脅和破壞美國的戰事。然而，「損失」已無可挽回，只要擁有電腦和調製解調器，人們就可以在網上觀看錄像帶的片段，瀏覽本·拉登的全文聲明。半島電視台的網站迅速引起了全世界人們的關注，其日點擊量達七百多萬次。

顯然，這一系列國際間的相互依存和聯繫使本·拉登的聲明快速地傳遍了全世界。然而同時必須強調，即使是那些反對、譴責現代性的人也無法逃避全球化的進程。為了廣泛傳播信息和吸納新成員，反現代化的人也不得不利用由全球化提供的工具。本·拉登在錄像帶裏的着裝打扮就表現了這一點：他內穿阿拉伯的傳統服裝，外套流行的越南軍綠色戰服。其實，他的衣着體現了時下的碎片化和交叉化的過程，這一過程被全球化研究者稱為「雜交化」——全球經濟和文化交流帶來的不同文化形式和風格的混

合。實際上，那件色彩斑駁的戰服上的淺色富有象徵意義，暗示着它來自前蘇聯，同時讓人想起在20世紀80年代，本·拉登和其他伊斯蘭軍人曾以激烈的游擊戰抗擊前蘇聯入侵阿富汗。本·拉登那支從不離身的AK–47式卡拉什尼科夫突擊步槍也可能來自俄羅斯，雖然人們知道，四十多年來全世界數十家兵工廠都在生產這種常見的武器。到20世紀90年代中期，俄羅斯和其他國家共生產了七千多萬支卡拉什尼科夫步槍，至少有五十個國家曾用它來裝備軍隊，從而使它成為全世界最受歡迎的武器。可見，本·拉登的AK–47步槍可能來自世界上任何一個地方。然而過去20年間，有組織的犯罪正在快速地向全球化方向發展，因此不難想像，本·拉登的那支槍可能是「阿爾蓋達」組織和俄羅斯黑手黨這類強大的國際犯罪組織走私的軍火。那支槍也可能是通過秘密武器交易進入阿富汗境內的。

如果仔細觀察本·拉登的右手腕，就不難發現另一點線索，它也會幫助我們理解全球化的強大動因。當本·拉登對着話筒蔑視美國及其盟國時，挽起的衣袖讓人注意到他戴着一塊時髦的運動手錶。看到這隻價格不菲的手錶，記者們紛紛猜測它的來路。最後他們一致認為那是一塊天美時手錶。這種錶如同蘋果派一樣也是美國的特產，而它居然出現在「阿爾蓋達」組織領導人的手上，這真是頗具諷刺意味。畢竟天美時公司的前身是19世紀50年代成立的沃特伯里鐘錶

廠，它位於康涅狄格州的諾格塔克山谷，在整個19世紀那裏一直被人們稱為「美國的瑞士」。現在，天美時公司已經成為跨國公司，和世界上65個國家的附屬企業和營銷部保持密切的業務關係。它的公司僱員來自世界各地，其總數達7500人。他們多來自低收入的南半球國家，已經成為了天美時公司全球生產進程的主力。

通過簡要地解構錄像帶裏一些重要的形象特徵，就不難理解，阿富汗山洞前那個反現代的恐怖分子的形象為什麼看上去那麼的不合時宜，但實際卻表現了全球化的基本動因。確實，正是由於世界各地間的相互依存正在以史上最快的速度增強，地方主義與普世主義勢力之間的衝突已經達到了前所未有的水平。像「阿爾蓋達」組織這樣的國際恐怖組織的出現不過是全球化現象的諸多表現之一。正如本‧拉登「純粹的伊斯蘭」這一浪漫的意識形態本身就是現代想像的結果一樣，我們的全球化時代，以它對技術的迷戀和批量銷售的商品，持久地激起了強烈的反全球化潮流。

對奧薩瑪‧本‧拉登的解構為我們提供了一個來自現實生活的實例，它解釋了全球化錯綜複雜而有時又自相矛盾的社會動因。現在，我們可以從一個更有利的視角出發，給全球化總結出一個合理可行的定義；這樣人們就可以更加精確地分析全球化這個備受爭議的概念，讓它不再如大家所說的那樣難以界定和難以說明。

定義全球化

「全球化」這個術語最早出現在20世紀60年代，從此，無論是在通俗文獻還是在學術文獻中，人們一直用它來描述一種進程、一種狀態、一個體系、一股力量或一個時代。由於這些眾說紛紜的說法意義大不相同，因此不加辨別地使用它們經常會讓人感到晦澀難解，從而造成混亂。假如草率地把進程和狀態合在一起，就會出現無效的循環論證式的定義。例如，經常說的那個同義反覆的定義——「全球化(進程)導致更多的全球化(狀態)」——就無法讓我們分析原因和結果之間的意義差別。因此，我建議用全球性這個術語來表達一種社會狀態，它的特點是：全球經濟、政治、文化和環境之間存在着關聯和流動，使許多通常存在的界限變得無關緊要。然而，我們不能認為「全球性」是指一個確定的、不再發展的終點；相反，這個概念指一種特定的社會狀態——和其他的狀態一樣，它注定會被具有獨特本質的各種新的社會狀態所取代。比如說，不難想像，全球性可能會成為一種叫做「星球性」的東西——對太陽系進行成功殖民後帶來的一種新的社會構成；而且，我們可以輕易地想像出全球性的不同社會表現：或者主要建立在強調個人主義和競爭的價值觀念以及以私有財產為基礎的經濟制度之上，或者體現為更多社區性和合作性的社會安排，其中包括了較少的資本主義經濟關係。所有這些

可能的表現都證明了，全球性在本質上是不確定的。我們的子孫後代也許可以更好地判斷哪個表現將可能佔據上風。

可是，全球化這個術語應該指一組社會進程；人們認為這些進程把我們的社會狀態轉化為了一種具有全球性的狀態。這樣，全球化的核心就是人類聯繫的多種變幻莫測的形式。確實，「全球化正在發生」這個流行的說法包含了三條重要信息：首先，我們正在慢慢地遠離自16世紀以降漸漸興起的現代性狀態；第二，我們正在走向（後現代）一種具有全球性的新狀態；第三，我們尚未達到這種狀態。確實，如「現代化」和其他以詞綴-ization結尾的動名詞一樣，「全球化」這個術語暗示着活力，它以清晰可辨的模式，最好地體現在了「發展」或「展開」這一類的觀念裏。這種展開可能發生得很快也可能很慢，但它總是對應於變化的觀念，因此，也意味着當前狀態的轉變。

因此，探討全球化動因的學者特別喜歡追蹤與社會變化這一主題相關的研究問題。全球化是如何發生的？是什麼在推動全球化？是一種原因還是多種因素的綜合？全球化是統一的進程還是不均衡的進程？全球化是現代性的延續還是與現代性的根本斷裂？全球化與先前的社會發展有什麼不同？全球化會製造新形式的不平等和等級制度嗎？值得注意的是，把全球化概念化為一種持續的進程而不是固定的狀態，這就迫

使研究者要密切注意不斷變動的時空觀念。由此可見，全球化研究者為什麼特別注重歷史分析和社會空間的重構。

全球化是一組促使我們走向全球性狀態的社會進程。這種說法可以消除出現循環論證式定義的危險，但這只是從定義上給出了這一進程的一個特點，即它正在走向更大程度的相互依存和一體化。這樣籠統地定義全球化，我們就會對它的其他性質所知甚少。為克服這一缺陷，我們必須認識到全球化不同於另外一些社會進程的其他特點。然而，一旦研究者為進一步聚焦於所討論的現象而增加其具體性時，就會引發更多對這些定義的學術論爭——現在我們所談的這個主題也不例外。全球化之所以仍是一個有爭議的概念，其原因之一就是，學術界對何種社會進程構成了全球化的本質還未達成共識。

雖然見解各不相同，但在學術界眾多企圖認識全球化進程的本質特點的觀點中，我們仍然可能發現它們在主題上存在一些重疊之處，比如說下面五個有影響的全球化定義。這五個定義認為在這一現象的核心存在着四個顯著的性質或特點。首先，全球化關係到新事物的創造與現存的社會網絡和活動的擴展，它們不斷地越過了傳統的政治、經濟、文化和地理之間的界限。如同我們在半島電視台這個實例中看到的那樣，造就當今的衛星新聞公司需要聯合專業的互聯網

絡、技術革新和政治決策——這樣，超越地方結構的
新社會秩序才能得以出現。

全球化因此可以定義為世界範圍內社會關係的強化，它把
相距遙遠的各個地方聯繫起來，使得遠方的事件影響當地
發生的事情，反之亦然。

倫敦經濟學院院長安東尼·吉登斯

全球化這一概念反映了世界交流的極度擴張以及全球市場
的視野，這兩者都比現代性的前期階段看上去更加直接和
真實。

杜克大學文學教授弗雷德里克·詹姆森

可以把全球化看做一個進程(或一組進程)，它體現了社會
關係和事務在空間組合上的轉變——無論是從廣度、強
度、速度還是從衝擊力上來說——生成了洲際或跨地區的
流動，以及活動、互動與權力運作的網絡。

倫敦經濟學院政治學教授戴維·赫爾德

作為一個概念，全球化既指世界的集約化，同時又指世界
整體性意識的日益強化。

匹茲堡大學社會學教授羅蘭·羅伯遜

全球化壓縮了社會關係的時間和空間這兩個方面。[1]

美洲大學國際關係學教授詹姆斯·米特爾曼

---

1 時空壓縮的概念最早由英國新馬克思主義地理學家哈維提出。他認
為，一方面人們跨越空間所需的時間急劇縮短，另一方面時間的縮短
壓縮了空間的距離，人們在經濟和生態上的相互依賴性也相應增強
了。——書中注釋均由譯者所加，以下不再一一說明。

全球化的第二個特點反映在社會關係、社會活動和相互依存性的擴張與延伸中。當今的金融市場遍布全球，電子商務夜以繼日地進行着。在各大洲都出現了大型購物中心，為那些具有購買力的顧客提供來自世界各地的商品——包括各個部件分別在不同國家生產的產品。讓我們回到最初的例子，現在我們知道，奧薩瑪·本·拉登的組織在20世紀90年代後期迅速擴大了其活動空間。在新技術和撤銷經濟管制的協助下，恐怖組織的分支在五大洲的許多國家湧現出來，這最終使「阿爾蓋達」組織變成了一個全球性的恐怖網絡，它能夠以迄今為止令人難以想像的規模策劃和發動襲擊。在一些較為溫良的組織如非政府組織、商業企業、社團、不計其數的地區性及國際性的機構和協會那裏，也存在着同樣的社會擴展的進程，比如聯合國、歐盟、東南亞國家聯盟、非統組織、南方共同市場、無國界醫生組織、國際特赦組織、科學家關注聯盟、世界經濟論壇、微軟公司、通用汽車公司等等。

第三，全球化與不斷強化和加速的社會交流活動有關。互聯網在瞬間傳遞來自遠方的信息，衛星為消費者實時提供遙遠地區發生的事件圖像。正如安東尼·吉登斯的全球化定義所指出的那樣，全球社會關係的強化意味着遠方發生的事件會影響某個地方性的事件，反之亦然。換句話說，全球化和地方化這兩個

看似對立的進程，實際上彼此包含：「地方的」與「全球的」形成了一個空間連續體的兩個終端，而「民族的」和「區域的」則是這個空間連續體的中心部分。

　　為了進一步闡明這一點，讓我們再次回到奧薩瑪‧本‧拉登的例子上去。有理由認為，美國和印度計算機實驗室的技術突破，以及華盛頓特區、布魯塞爾和世界其他地方的政治和軍事決策在不斷地影響着他的恐怖主義戰略；同時，奧薩瑪‧本‧拉登的戰略也深刻地影響着美國政治家、英國軍事工程師和以色列特工的各種活動。人們常說「全球化壓縮了時空」，這其實就是說，事情發生的速度在加快，距離在大幅度地縮小。如西班牙社會學家曼努埃爾‧卡斯特（Manuel Castells）所指出的那樣，如果沒有新信息和交通技術的快速發展推動技術革命，當今的全球「網絡社會」就不可能出現。這些不斷進步的革新正在重新塑造人類生活的社會圖景。

　　第四，社會相互關聯和依存的產生、擴展及強化不僅局限於物質與客觀的層面。如羅蘭‧羅伯遜的定義所示，全球化也涉及人類意識的主觀層面。因此我們必須記住，全球化也意味着人們越來越意識到，社會間的相互依存日益明顯，社會互動迅猛發展。他們認識到地理界限和距離的重要性已日漸消退，從而強烈地感覺到自己正成為全球整體的一部分。這些全球

相互依存的經歷曠日持久，日益加強，正逐漸改變着人們的個體和集體身份，也因此深刻地影響了人們在現實中的行為方式。

現在，我們似乎已經認識到了全球化的一些本質特性，由此，可以這樣來定義全球化：

> 全球化指的是一組多向度的社會進程，它們創造、增加、擴展和強化了世界範圍內的社會交流和相互依存性，同時使人們越來越意識到本地與遠方世界之間的聯繫正在日益深化。

其他爭議點

通過吸取其他有影響的定義中那些共同的洞見，我們給全球化下了一個充分而可行的定義。但我們不能忽視全球化仍然存在諸多爭議。畢竟，全球化是一種不均衡的社會進程——這一社會結構和文化區域的巨大轉變會對生活在世界不同地區的人們產生不同的影響。因此，各個評論者曾以不同或經常是相互對立的方式，來分析和解釋構成全球化的社會進程。學者們不僅對如何合理地定義全球化持有不同意見，而且還對全球化的規模、因果關係、年表、影響、發展軌跡及政策後果爭論不休。例如，就全球化的規模，人們圍繞着這樣一個問題展開了學術爭論：究竟是應該以單一的還是區別對待的方式來理解全球化？這個

「多向度」的觀念看起來似乎是我們的全球化定義的一個重要特徵，不過仍需要對它做出詳盡的說明。佛教中盲人學者和大象相遇的古代寓言故事，將有助於闡明對全球化各種向度的學術論爭的本質。

盲人學者不知道大象長什麼樣子，因此他們決定通過觸摸它來獲得一幅心靈圖像，從而得到他們想要的知識。摸到象鼻的盲人說，大象像一條活潑靈動的蛇；另一個人摸着大象巨大的腿，說這個動物像一根粗糙而巨大的柱子；第三個人抓住了大象的尾巴，堅持說它像一把柔韌的大刷子；第四個人則摸到了鋒利的象牙，便斷言大象長得像一柄長矛。關於大象的樣子，每個盲人學者都堅持自己的意見。由於他們的學術聲譽取決於他們各自發現結果的真實性，最後盲人學者對什麼是大象真正的本質還在爭論不休。

學術界一直在爭論，究竟哪個向度包含了全球化的本質——這恰恰再現了盲人摸象這個寓言故事的後現代版本。即使是那些贊同可以把全球化看做單一進程的學者，他們對社會生活哪個方面構成了這一現象的主要論述範圍也在爭論不休。有些學者認為經濟進程是全球化的核心，其他一些學者則更加重視全球化的社會、文化或意識形態方面，還有一些人則指出環境方面的進程是全球化的本質。如寓言故事中的盲人一樣，每個全球化研究者在一定程度上都是對的，因為他們都正確地分辨出了所討論現象的一個重要向

度；然而，他們所犯的集體性錯誤在於他們企圖固執地簡化全球化這樣一個複雜的現象，使它變成一個只與自己的專業知識相關的論述領域。

誠然，研究全球化的學者們面臨的一項中心任務是，發現更好的方法以判斷各個向度的相對重要性，同時需要注意，它們是一個相互聯繫的整體。如果對全球化堅持片面的理解，那將是個嚴重的錯誤。幸運的是，越來越多的研究者已經開始注意這一要求，採取一種真正多向度的方法來看待全球化，從而避免有害的簡化論。全球化包含多方面且各不相同的多種進程，因此可以說，社會生活的方方面面都在它的影響範圍之內——或者，我們能這樣說嗎？

在得出這個重要結論之前，先讓我們考慮一下

圖1　全球化學者與大象。

「全球化懷疑論者」陣營的學者提出的幾個反對意見。這些反對意見有的指責時髦的「全球化言論」最終竟然是「荒唐至極」[2]，有的則較為溫和，認為全球化是一個更為有限的、不均衡的進程，而並不像那些所謂的「鼓吹全球化者」要我們相信的觀點那樣籠統。從很多方面看，最激進的全球化懷疑論者就像一個盲人學者，他佔據了大象前後腿之間的空檔，徒勞地尋找它身體的某個部位。由於沒有發現任何東西，於是他就指責同行們虛構了子虛烏有事物的離奇故事，並聲稱世界上根本就沒有所謂「大象」這種動物。

然而，越來越多的證據表明，世界範圍內的社會關係正在迅速得到強化，因此，我不打算去駁斥那些為數不多的完全否認全球化存在的全球化懷疑論者；另一方面，我十分贊同全球化是一個在地理上有限的、不均衡的進程。就如我在下面各章裏將要論述的那樣，世界上大量的人群，尤其是南半球的人們，無法平等地享用日益密集的網絡和基礎設施——從這個意義上說，全球化是和不平等現象聯繫在一起的。然而，儘管我們看到社會間相互關聯和依存的強化集中

2　原文中的baloney有「騙人之談」的意思。第二次世界大戰的時候，魯斯(Luce)夫人罵某人討論國際問題說話毫無道理，創立了一個新詞globaloney，就是把global(全球性的)和baloney(胡說)兩詞組合起來，等於中文的「荒唐至極」。這裏用來形容由全球化理論家提出的各種空洞的、帶偏見的和循環論證的命題。

出現在北半球的經濟發達國家，我們仍然有充足的理由「大談全球化」。畢竟，北半球相互依存的模式正在興起，它的存在確實反映了全球化的部分傾向，並可能對世界其他地區產生重要影響。

　　在我看來，來自全球化懷疑論者陣營的最具挑戰性的問題是：全球化主要是一個現代的現象嗎？批評者對此問題的回答可能是否定的，而且他們還會說，全球化這個概念的使用缺乏歷史的精確性。一句話，這群有思想的懷疑論者認為，只要粗略地看看歷史，就會知道當代全球化並沒有什麼新鮮東西可言。因此，在本書以下幾章具體探討全球化的五大向度之前，我建議讓我們認真對待這個重要的觀點。確實，批判性地探究全球化所謂的新穎性，與方興未艾的全球化研究領域裏的另一個熱點難題密切相關。關於全球化合理的年表和分期是什麼樣的呢？讓我們到第二章去尋找問題的答案吧。

第二章
全球化是一個新現象嗎？

　　如果我們問走在倫敦、紐約、曼谷或里約熱內盧街頭的普通人什麼是全球化的本質，他們的回答可能與「新技術」帶動下的政治與經濟間不斷發展的相互依存形式有關，如個人電腦、互聯網、手提電話、傳呼機、傳真機、掌上電腦、數碼相機、高清晰電視、衛星、噴氣式飛機、航天飛機和超級油輪。儘管如以下幾章所示，技術對當代全球化各種存在形式的解釋並不是完整的，但是，如果否認新技術在創造、增加、擴展和強化全球性的社會依存和交流方面的作用，那將又是愚蠢的。特別值得一提的是互聯網，它通過創建能夠連接億萬人、民間團體以及政府機構的萬維網，對促進全球化起到了關鍵作用。這些新技術的出現不過30年的時間，因此，如果我們贊同那些評論者的觀點，認為全球化確實是一個新現象，這似乎也不無道理。

　　然而，我們在前一章定義全球化時，同時所強調的是這一現象的動態本質。全世界相互依存的發展，以及不斷深化的全球互聯意識的總體增長，都是具有

深刻歷史根源的、循序漸進的進程。例如，研製出手提電腦和超音速噴氣式飛機的工程師都站在技術創新先驅的肩膀上，是先驅們創造了蒸汽機、軋棉機、電報機、留聲機、電話、打字機、內燃機和電器用品。反過來說，這些產品的存在又依賴於更早的技術發明，如望遠鏡、羅盤、水車、風車、火藥、印刷機和遠洋輪船。為了承認所有的歷史記載，讓我們來回顧一下在更為遙遠的年代出現的重大社會成就和技術成就，比如造紙、文字的演化、輪子的發明、野生動植物的馴養和馴化、語言的出現，以及在人類進化的發端時期，我們非洲祖先緩慢的向外遷移。

　　這樣，對於全球化是不是一個新現象這個問題的回答，取決於我們願意把導致最近技術和社會結構的原因追溯到多久之前——因為大多數人總是把全球化這個流行的詞語與技術和社會結構聯繫在一起。為了理解全球化的當代特徵，有些學者有意識地把全球化的歷史範圍限制在了後工業社會[1]的過去40年；其他學者則想把這一時間表擴大，進而包含19世紀這一具有開拓性進步的時代；還有另外一些學者則認為，全球化真正代表的是一些複雜進程的延伸和繼續，而這些進程始於五個多世紀前資本主義世界制度和現代性

1　一般認為1970年前後，工業社會已進入與一百多年前歐洲由農業社會轉變為工業社會相似的變化期，即後工業社會。其特徵包括：經濟發展的主導因素由製造業轉變為服務業，民族與全球資本的擴散，職業構成以專業技術人員為主導等。

出現的時期；其他少數研究者則不願把全球化限制在僅僅使用十年或世紀量度的時段範圍內，他們寧願建議，這些進程幾千年來一直都處於發展過程中。

無疑，這些爭論不休的視角各有洞見。在隨後幾章裏我們就會看到，贊同第一個角度的人列舉了大量證據以證明他們的觀點：自20世紀70年代早期以來，全球交流的急速增加和膨脹表現了全球化歷史的一次巨變；提出第二種觀點的人一針見血地強調，在所謂的工業革命的技術爆炸與全球化的當代形式之間存在着密切的聯繫；代表第三種觀點的人則準確地指出了16世紀發生的時空壓縮的重要意義；最後，堅持第四種觀點的人提出了一個頗有道理的論點，他們認為，如果不考慮我們地球歷史中的古代發展和持久動因，那麼任何對全球化真正全面的論述都會存在極大的欠缺。

無可避免，下面這個簡短的年表也是籠統的和不完整的，但它卻足以讓我們清楚地認識到：全球化和人類本身一樣古老。以社會交流速度的顯著提高和地理範圍的急劇擴大作為劃分依據，這一簡短的歷史年表確定了五個顯著的歷史時期。在這個語境之中，我們必須記住，我的年表並不一定意味着歷史的線性發展，也並不提倡一種傳統的以歐洲為中心的世界歷史觀。全球化的歷史涉及我們這個星球所有主要的地區和文化，其中充滿了不可預料的意外、劇烈的轉變、突然的間斷以及戲劇性的逆轉。

這樣，我們應該盡量避免把一些具有決定論意義的觀念，如「必然性」和「不可逆性」，強加給全球化。然而，重要的是我們應該注意，歷史上發生的技術和社會的巨大飛躍曾把這些進程的強度及其在全球的範圍推進到新的水平。記住這些應該注意的方面，再去探討和分析全球化的簡短年表，我們就能領會每個時期的新穎之處，以及全球化這一現象本身的連續性。

史前時期（公元前10000-公元前3500年）

讓我們從大約一萬兩千年前開始，來對全球化做一個簡短的歷史概述。當時，一小群獵人和採集食物者到達了南美洲的南端，這一事件標誌着人類非洲祖先一百多萬年前以來在五大洲定居這一漫長過程的結束。雖然直到更近一些的時期，才有人類在太平洋和大西洋中的一些主要島嶼棲息，但真正的人類全球散居已最終完成。游牧者最終成功地定居南美洲，這全靠他們西伯利亞祖先的遷徙功績，他們早在此前1000年前就穿越白令海峽進入北美洲了。

在這一全球化的最早時期，遍布全世界的成千上萬的狩獵者和食物採集者群體的相互接觸大多是偶然的，在地理上也是有限的。大約在一萬年前，這一倏忽而逝的社會互動模式發生了巨大變化，人們在自產食物方面邁出了關鍵的一步。由於多種因素的作用，包括適合馴養和馴化的動植物在自然界的出現，以及

各大陸在面積和人口規模方面的差異，在這些日益發展的農業定居點當中，最為理想的只有位於或靠近歐亞大陸的某些地區。這些地區位於中東的新月沃土、中國的中北部、北非、印度的西北部和新幾內亞島。隨着時間的流逝，這些早期的農夫和牧人的食物有了剩餘，人口開始增長，出現了永久的村落和防禦性的城鎮。

流浪的游牧人群定居下來，組建了部落和酋長領地，並最終發展為強大的農業生產國家。高度集權、階層化的族長式社會結構從本質上瓦解了政治權力分散、實行平等主義的狩獵和採集食物的人群，酋長和祭司成為新的領導者——他們無須從事繁重的體力勞動。而且自人類有史以來，這些農業社會第一次具有了額外供養兩個社會等級的能力，這兩個等級的成員不需要參加食物生產。一群人由全職的手工業專門人員組成，他們致力於發展新技術，如功能強大的鐵器、由貴金屬製成的精美的裝飾品、錯綜複雜的灌溉溝渠、精緻的陶器和編製物品，以及雄偉的建築物；另一群人則由專門的官吏和士兵組成，他們後來發揮了重要的作用，如在統治者的領導下壟斷暴力手段，為中央集權領地的生存和發展所必備的剩餘糧食做精確的賬目統計，獲取新的領土，建立永久的貿易路線，以及到遠方進行系統的探險活動。

圖2　帶有楔形文字的亞述陶片，約公元前1900-公元前1800年。

　　然而，在很大程度上，史前時期的全球化是十分有限的。能夠克服當時存在的地理和社會障礙的先進技術基本上還尚未出現，因此從未實現持久和遠程的相互影響。只有到了這一時期的末期，集中管理的農業、宗教、官僚體制和戰爭才逐漸產生；它們作為日益強化的社會交流模式的主體，將把世界很多地區越來越多的社會聯繫在一起。

前現代時期（公元前3500–公元1500年）

　　在公元前3500年到公元前2000年間，美索不達米

圖3　中國的長城，始建於公元前214年，後又多次重建。這是唯一從太空用肉眼能看見的人類工程。

亞、埃及和中國中部地區發明了書寫文字，這大致與公元前3000年左右西南亞發明輪子的時間相重合。這些偉大的發明創造標誌着史前時期的結束，集中體現了技術與社會的一個巨大進步，把全球化推進到了一個新的水平。由於歐亞大陸在地理上向東西方向延伸，這一特點曾經有利促進了同一緯度上適合作為食品的農作物和動物物種的快速傳播——新技術在相距遙遠的大陸各地擴散僅僅用了幾個世紀的時間。顯而易見，這些發明創造對加強全球化進程很重要。此外，輪子的發明促進了一些重要基礎設施的革新，比

如，畜力車和固定的道路使得人和物品的運輸更加高效和快捷。除了思想和新發明的傳播，書寫文字極大地協調了複雜的社會活動，因此也有助於大型國家的形成。這一時期所興起的大板塊中，只有南美洲的安第斯文明，在沒有輪子和書寫文字的幫助下，變成了強大的印加帝國。

因此，前現代時期是帝國時代。一些國家成功實現了對其他國家的長久統治，隨後積聚的大片領土為埃及王國、波斯帝國、馬其頓帝國、美洲的阿茲特克和印加帝國、羅馬帝國、印度帝國、拜占庭帝國、伊斯蘭帝國、神聖羅馬帝國、非洲加納帝國、馬里帝國、桑海帝國和奧斯曼帝國的出現打下了基礎；所有這些帝國都增加和擴展了遠程交流以及文化、技術、商品和疾病的傳播。在這些幅員遼闊的前現代帝國中，持續時間最長、技術最發達的無疑就是中華帝國；仔細查看它的歷史，就會發現全球化的一些早期動因。

在數個獨立王國進行了幾百年的戰爭後，公元前221年，秦始皇的軍隊最終統一了中國東北部的大片土地。在隨後的1700年裏，接連更替的漢朝、隋朝、唐朝、元朝和明朝統治着由龐大的官僚體系支撐的帝國，它們的勢力擴展到遙遠的地區，如東南亞的熱帶地區、地中海、印度和東非。光輝燦爛的藝術和哲學成就促進了其他知識領域(如天文學、數學和化學)的

新發現。中國在前現代時期有一大串技術革新，主要包括改進的犁具、水利工程、火藥、天然氣的利用、羅盤、機械鐘錶、造紙、印刷技術、刺繡精美的絲織品以及複雜的金屬加工工藝。中國修建了由上千條小運河組成的大型灌溉系統，從而提高了這一地區的農業生產力，同時也提供了世界上最好的河運系統。法典的制定、度量衡以及貨幣價值制度的確定促進了貿易和市場的擴展，車軸大小和道路的標準化使得中國商人第一次準確地計算出了進出口貨物所能達到的數量。

在這些貿易路線中，擴展最遠的要數絲綢之路。它把中國和羅馬帝國連接了起來，而帕提亞人則較好地扮演了中介的角色。在絲綢之路到達意大利半島1300年後即公元前50年，一群真正具有多元文化背景的歐洲、亞洲和非洲的全球旅行者，包括聞名遐邇的摩洛哥商人伊本·巴圖塔(Ibn Battuta)和威尼斯馬可·波羅(Marco Polo)家族的商人們，就是依靠這條偉大的歐亞大陸貿易路線，到達了北京富麗堂皇的蒙古可汗皇宮的。

到15世紀，由上千艘長400英尺的越洋船隻組成的聲勢浩大的中國船隊，穿越了印度洋，在非洲東海岸建立了短暫的貿易據點。然而，幾十年後，中華帝國的統治者實施了一系列致命的政治決定，中斷了海外航海事業，導致技術的進一步發展出現了阻礙。如此一來，他們扼殺了萌芽時期的工業革命，這一發展機

會曾使相對小得多的歐洲國家成為了推動全球化的主要歷史主體。

這樣，截至前現代末期，由幾條連鎖貿易路線組成的全球貿易網絡，把人口最為稠密的歐亞和東北非地區連在了一起。雖然澳洲和美洲大陸尚未成為這一不斷擴大的經濟、政治和文化依存網絡的組成部分，但阿茲特克和印加帝國卻已經在其半球成功地開發了主要的貿易網絡。

這些經濟和文化交流網絡不斷擴張，引發了大規模的移民浪潮，這又導致了人口的進一步增長以及城鎮中心的快速成長。在隨之而來的文化衝突中，地方性的宗教變成了今天為人們所知的幾大「世界宗教」，如猶太教、基督教、伊斯蘭教、印度教和佛教。但是，由於人口密度加大，更遠地區間的社會交往加強，腺鼠疫這樣的新型傳染病得以廣泛傳播，比如，14世紀中期的大瘟疫分別使中國、中東和歐洲失去了三分之一的人口。然而直到命運攸關的16世紀，當「新」、「舊」世界產生碰撞的時候，在不斷發展的全球化進程中出現的這些令人避之不及的副產品才以最可怕的方式表現了出來：大約一千八百萬美洲土著死於歐洲入侵者帶來的可怕病菌。

早期現代時期（1500–1750年）

「現代性」這一術語已經和發生在18世紀的歐洲

圖4　1626年出售曼哈頓島。

啟蒙運動聯繫在了一起，這一運動發展了客觀科學，獲得了道德和法律的普遍形式，把理性的思維方式和社會組織從被認為是非理性的神話、宗教和暴政中解放了出來。因此，「早期現代」這一說法指的是在啟蒙運動和文藝復興之間的一段時期；在這兩個世紀裏，歐洲及其社會實踐成為了全球化的主要催化劑。大約在公元1000年前，阿爾卑斯山西北部的歐洲人對技術和其他文明成就並沒有做出什麼貢獻，但來自中國和伊斯蘭文化領域的技術革新的散播卻讓他們受益良多。大約五百年後，雖然中國的政治影響已經削弱，新月沃土也出現了明顯的生態惡化，但歐洲強國並沒有深入非洲和亞洲的腹地；相反，它們把擴張的慾望轉向了西方，試圖尋找一條通往印度的有利可圖的海上新航線。他們得到了一些發明創造的協助，如機械化的印刷技術、精巧的風車和水車磨房、四通八達的郵政系統、改進的海運技術和發達的航海技術，再加上宗教改革的巨大影響以及有限政府自由主義的政治思想；我們可以看出這一質的飛躍背後所存在的主要力量，它們極大地加強了歐洲、亞洲和美洲之間的人口、文化、生態和經濟的互動。

當然，在早期現代時期，歐洲大都市中心及其所屬的商業階層的興起是強化全球化趨勢的另一重要因素。歐洲的經濟實業家體現着個人主義的新價值觀和無限的物質積累，他們為後來學者所說的「資本主義

世界制度」奠定了基礎。然而，如果沒有來自他們各自政府的大力支持，這些剛剛起步的資本家的商業公司就不可能實現世界性的擴張。西班牙、葡萄牙、荷蘭、法國和英國的君主投入了大量資源去探索新世界，創建跨地區的新市場——與他們富有異國情調的「貿易夥伴」相比，這帶給他們的好處要大得多。到17世紀早期，他們試圖在海外設立貿易據點以獲取高額利潤，為達到這個直接目的，他們建立了像荷蘭和英國東印度公司這樣的股份制公司。隨着這些富有創新精神的公司的規模和實力不斷擴大和增長，它們獲得了管理大多數洲際經濟交易的權力，在貫徹執行社會制度和文化實踐的過程中，使得後來的殖民政府能夠對這些外國地區實行直接的政治統治。與此相關的一些開發，如跨越大西洋的奴隸販賣和美洲人口的強行遷移，給數以百萬計的非歐洲人帶來了痛苦和死亡，同時卻讓白人移民和他們的原籍國家獲得了極大的利益。

當然，歐洲本土的宗教戰爭也在一定程度上使高加索人流離失所，而且，由於曠日持久的武裝衝突，軍事聯盟和政治安排也在不斷變化。最終，到1648年，作為現代社會生活的承載，從威斯特伐利亞國家體系[2]中演化出的擁有主權和領土的民族國家出現了。

2　源自1648年簽署的《威斯特伐利亞和約》。該和約確定了國家主權、國家領土和國家獨立等國際關係準則，開創了以國際會議解決國際爭端的先河。

就在現代早期即將結束的時候，民族國家間的相互依存日益加強，愈發密切。

現代時期（1750–1970年）

到了18世紀末期，澳洲和太平洋諸島嶼被漸漸併入了由歐洲主導的政治、經濟和文化交流的網絡。在數次面對了「遠方」的故事和無數「他者」的形象後，歐洲人及其在其他大陸的後裔主動承擔了保衛普遍法律和道德世界的責任。雖然他們一直堅持認為自己是文明的倡導者，但奇怪的是，對自己的種族主義行徑、對自己社會的內部以及西方與「其他地方」之間所存在的嚴重不平等狀況，他們卻渾然不覺。大多來自世界其他地區的材料和資源源源不斷地流入西方資本主義企業，使得它們的規模有所擴大，從而敢於反抗強大的政府控制：企業家和他們的學術搭檔開始傳播一種將個人主義和自我利益合理化的哲學，讚美理想化的資本主義制度的優點，認為它基於自由市場及其「看不見的手」的天意運作。

1847年，德國政治激進者卡爾·馬克思和弗里德里希·恩格斯(Friedrich Engles)寫出名著《共產黨宣言》，其中的這段話記錄了現代時期社會關係質的轉變，它把全球化推向了一個新的層次。

圖5　19世紀末東歐移民抵達紐約城。

> 美洲的發現為大工業和創造一個真正的全球性市場開闢了道路。後者極大地擴展了貿易、航海和陸上的交流，然後這些發展又引起工業的進一步增長。工業、貿易、航海和鐵路的發展也與資產階級和資本的興起同步，這使得中世紀舊的社會階級退居幕後。……為銷售產品，資產階級帶着強烈的慾望不斷擴大全球市場，他們到處定居、開墾、建立關係……除此之外，他們別無選擇。資產階級迅速改進生產工具，利用日益便捷的交流模式把所有的民族都推入文明——即使最不開化的民族也不例外……一句話，它按自己的形象創造世界。
>
> *作者自譯*

確實，在1850到1914年間，世界貿易額大幅度增加。在跨國銀行的帶動下，資本與商品相對自由地跨越國界進行流通，因為以英鎊計價的金本位制度使一些主要國家的貨幣，如英鎊和荷蘭盾有可能在世界範圍內流通。大多數歐洲民族國家急於獲得自己獨立的資源基地，把大半個南半球置於直接殖民統治之下。到第一次世界大戰前夕，工業化國家的商品貿易總額幾乎佔全國總產出量的12%，這一水平一直保持到20世紀70年代。全球的價格體系促進了穀類、棉花和各種金屬等重要商品的貿易。帶包裝的品牌產品，如可口可樂飲料、金寶湯、勝家縫紉機、雷明頓打字機也第一次亮相。為了提升這些公司的全球形象，國際廣告機構首次發動了跨國界的全面商業促銷活動。

然而，正如馬克思和恩格斯所指出的那樣，如果

沒有19世紀科學技術的迅猛發展，就不可能有歐洲資產階級的興起以及與之相關的全球依存性的強化。自然，維護這些新興的工業體制需要如電力和石油這類新型的能源；對這些能源的濫用，則導致了無數動植物物種的滅絕以及整個地區的毒化。而另一方面，鐵路、機械化的海運以及20世紀的洲際空運已成功克服了僅存的地理障礙，建立了真正的全球化基礎設施，同時降低了運輸成本。

通訊技術的迅猛發展與這些交通方面的發明創造相得益彰。電報在1866年後跨越大西洋，從而使得兩個半球實現了即時信息交換；而且，電報為電話和無線電通訊的出現創造了條件，促使新興的通訊公司提出宣傳口號(如美國電話電報公司歡呼一個「無法分離、緊密相連」的世界的到來)。最終，在20世紀出現了流通量極大的報紙、雜誌、電影和電視，人們越來越覺得世界正在迅速變小。

現代時期也是一個人口空前膨脹的時代。從公元元年到1750年，世界人口從僅僅3億增長到7.6億，而到1970年世界人口已增至37億。強大的移民浪潮加劇了原有的文化交流，轉變了傳統的社會結構。受人歡迎的移民國家如美國、加拿大和澳洲充分利用了這一推動力量來提高生產力。20世紀初期，這些國家已作為引人注目的強國登上了世界舞台。而與此同時，它們也努力控制移民的大量湧入，並在這一過程中創造

了新的官僚控制形式和監管方法，收集了更多關於國民的資料，同時阻止「不受歡迎的人」入境。

工業化進程日益加快，使得財富和福利差距超出了人們的承受限度，在北半球的各種工會運動和社會主義政黨中，工人開始以政治化的方式組織起來。然而，儘管他們充滿理想主義色彩，呼籲國際社會階級的團結與聯合，卻基本沒有引起什麼注意；倒是民族主義的意識形態激發了全世界數百萬人的想像。無疑，由於大規模移民、城市化、對殖民地的爭奪以及世界貿易的過度自由化，到20世紀初期，國與國之間的敵對開始加劇；隨後，極端民族主義最終導致了兩次可怕的世界大戰、長期的全球經濟蕭條，以及為保護狹隘的政治團體而採取的敵對措施。

軸心國集團在1945年的戰敗及非殖民化進程的加劇，使得全球流動和國際交流開始緩慢復蘇。《聯合國憲章》奠定了民族國家新的政治秩序，展現了全球民主管理的前景。然而在20世紀50年代，這一世界主義的美好前景隨着冷戰的到來很快消失，在長達40年的時間裏，世界被劃分為兩大敵對陣營：美國控制的自由資本主義陣營和前蘇聯控制的社會主義陣營。人類有史以來第一次出現了全球性衝突的幽靈，它實際上能摧毀這個星球上的所有生命。

當代時期（自1970年開始）

我們在本章一開始曾指出，從20世紀70年代早期開始，全球範圍內的相互依存和國際交流的產生、擴張和加劇激動人心，它們代表了全球化歷史上另一次巨大的飛躍。但眼下到底發生了什麼？為什麼現在發生的事情讓人們有理由創造出一個流行詞語(不僅吸引了公眾的想像，而且還引起了這樣強烈的不同情感反應)？當代全球化是一件「好」事還是「壞」事？本書自始至終都會思考這些重要問題可能的答案。這樣做的時候，我們把「全球化」這一術語的使用限制在當代時期，同時謹記這些進程的動因千萬年前就已產生了。

在開始下一階段的旅行之前，讓我們暫停一下，回想在第一章提到的重要一點。全球化不是一個單一的進程，而是一組不均衡的進程，在幾個層面和各個向度上同時運作。我們可以把它們之間的互動和相互依存比喻成一條精緻的掛毯，它的形狀和顏色相互重疊交錯。然而，就像一個汽車技工學徒為了解發動機的運轉必須先關掉然後拆卸它一樣，為了弄明白全球相互依存的網絡，學習全球化的人也必須分析它的特性。在以下各章，我們將認識、探討和估量全球化在各個領域的模式，同時關注它作為一個各部分相互影響的整體是如何運作的。我們將分別研究全球化的各

個向度，而不會把全球化簡化為一個單一的方面。這
樣，我們就能避免那個讓盲人無法全面了解大象的莫
大錯誤。

第三章
全球化的經濟向度

在前一章開頭我們講到，新技術是當代全球化的顯著特徵之一。確實，最近30年來，重大的技術進步就很好地説明了社會所發生的深刻變革。人們從事經濟生產以及組織商品交換的方式發生了變化，這顯著地體現了我們時代的一個重大轉變。經濟全球化是指在全球範圍內加強和拓展相互間的經濟關係。資金和技術的大量流動激發了商品和服務貿易的發展；市場已延伸到世界的各個角落，並在這一過程中建立了新的國家經濟關係。作為構成21世紀全球經濟秩序的主要集團，龐大的跨國公司、強大的國際經濟機構以及大型的地區貿易體系隨之出現了。

全球經濟秩序的出現

當代經濟全球化可以追溯到一種新的國際經濟秩序的逐漸出現，這一國際經濟秩序產生於二戰即將結束時在沉寂的新英格蘭小鎮布雷頓森林召開的一次經濟會議。在美國和英國的帶領下，北半球主要的經濟強國都改變了其在戰爭期間（1918–1939年）的保護主義

圖6　1944年召開的布雷頓森林會議。

政策。與會國一致同意將不遺餘力地擴大國際貿易，
並決定訂立管理國際經濟活動的條款；而且，它們還
決定建立更加穩定的貨幣兌換體系，維持各國貨幣值
與美元掛鉤，美元與黃金掛鉤。在這些預定的規則
內，各國可以自由控制其國界的滲透性——各國可以
確立各自的政治和經濟議程。

　　布雷頓森林會議還為三個新的國際經濟組織制度
奠定了基礎。國際貨幣基金組織的建立是為了管理國
際貨幣系統；國際復興開發銀行——後來稱為世界
銀行——原是為了向歐洲戰後重建提供貸款而成立
的，然而，在20世紀50年代，它的目標進一步擴大，
開始為全世界發展中國家的各種工業項目提供貸款；

最後，1947年，作為全球性貿易組織的關貿總協定成立，它負責制定並執行多國貿易協議。1995年，世界貿易組織替代了關貿總協定。我們在第八章中將會看到，20世紀90年代，在有關經濟全球化的布局及效果方面，世界貿易組織已成為了公眾激烈爭論的焦點。

在約三十年的運作過程中，布雷頓森林體系極大地促成了被評論者稱為「管制資本主義的黃金時代」的建立。現存的由國家控制的國際資本流動機制使得就業充分，福利國家制度進一步發展。工資的提高和社會服務的改進暫時緩和了北半球富國的階級矛盾。然而，到20世紀70年代初，布雷頓森林體系崩潰了；它的消失加強了經濟一體化的趨勢，後來評論家把這種趨勢看做是全球經濟新秩序被分娩時的陣痛。這是怎麼回事呢？

世界政治的巨大變化逐漸削弱了美國工業的經濟競爭力，因此，理查德‧尼克松(Richard Nixon)總統在1971年廢除了金本位的固定匯率制度。在隨後10年裏，全球經濟表現出不穩定的特點，其具體表現形式為：高通貨膨脹率、低經濟增長率、高失業率、過高的公共事業赤字，以及兩次史無前例的能源危機——由於石油輸出國組織能夠控制世界上很大一部分石油的供應。最認同管制資本主義模式的北半球的政治力量在一系列選舉中大敗，這是由提倡以「新自由主義」方式對待經濟和社會政策的保守政黨導致的。

新自由主義

新自由主義來自亞當·斯密（1723–1790年）和大衛·李嘉圖（1772–1823年）的古典自由主義理念。他們認為，作為一種自我調節機制，市場趨向於保持供需平衡，從而保證最有效的資源分配。在這些英國哲學家看來，任何對自由競爭的束縛都將擾亂市場機制的天然效能，進而不可避免地導致社會發展停滯，政治腐敗，以及反應遲鈍的官僚體制的產生。他們還提倡取消進口關稅以及影響國際貿易和資金流動的其他壁壘。英國社會學家赫伯特·斯賓塞（1820–1903年）又把被曲解的社會達爾文主義引入了這一學說，他認為，自由市場經濟是人類競爭最文明的形式，其中的「適者」自然會獲得成功。

　　然而，在二戰後的幾十年裏，即使是歐洲和美國最保守的政黨也放棄了那些「放任主義」的思想，相反，它們採用了國家干預主義這種更為人所廣泛接受的觀點，這種觀點的宣傳者是布雷頓森林體系的設計者，英國經濟學家約翰·梅納德·凱恩斯（John Maynard Keyres）。然而，到了20世紀80年代，在英國首相瑪格麗特·戴卓爾和美國總統朗奴·列根的帶領下，反對凱恩斯主義的新自由主義革命有意識地把全球化的觀念和全世界的經濟「解放」聯繫在了一起。

　　隨着1989至1991年前蘇聯及東歐的解體，新自由主義的經濟新秩序獲得了更多的合法性。從此出現了

有關經濟全球化的三項最重大的進展：貿易與金融的國際化、跨國公司勢力的不斷增強，以及國際經濟機構(如國際貨幣基金組織、世界銀行和世界貿易組織)作用的加強。下面我們來簡要地審視一下這些重要特徵。

新自由主義的具體措施包括：
1. 公有企業的私有化
2. 撤銷對經濟的管制
3. 貿易及工業的自由化
4. 大幅削減稅額
5. 採取「貨幣主義」措施抑制通貨膨脹，甚至不惜增加失業率
6. 嚴格控制勞工組織
7. 減少公共開支，特別是社會性支出
8. 縮小政府部門的規模
9. 擴大國際市場
10. 不再控制全球金融資金的流動

貿易與金融的國際化

許多人把經濟全球化與自由貿易中有爭議的問題聯繫了起來。的確，從1947年到20世紀90年代末，世界貿易總值增幅驚人，已由570億猛增至60000億。最近幾年，當北半球富國通過地區及國際自由貿易協定(如北美自由貿易協定和關貿總協定)不斷致力於建立

一個全球單一市場時，公眾對自由貿易所謂的好處和壞處的討論達到了白熱化的程度。自由貿易的倡導者向公眾保證，消除或減少國與國之間現有的貿易壁壘，就可以讓消費者獲得更多的選擇、增加全球財富、確保國際關係的平穩，還可以在全世界範圍內推廣新技術。

的確，有證據顯示，一些國家因為自由貿易增加了國民經濟生產力。不僅如此，專業化、競爭和技術傳播也給社會帶來了一些好處。但人們還不十分清楚，自由貿易產生的利潤是否在各國內部以及各國之間得到了公平分配。大多數研究表明，富國與窮國之間的差距正在快速擴大。因此，工會和環境保護組織嚴厲地批判自由貿易的倡導者，它們宣稱，消除社會控制機制使得全球勞動標準降低，生態環境嚴重惡化，南半球欠北半球的債務越來越多。我們將在第七章再討論全球不平等這一問題。

南半球:一種比債務更糟的局面

世界上47個最貧窮、負債最多的國家所擁有的財富總額	4220億美元
西方工業化國家每年用於武器和軍隊支出的財富總額	4220億美元
1985年為埃塞俄比亞饑荒賑災,由「巨星義助非洲慈善演唱會」籌集的資金總數	2億美元
所有非洲國家每周支付的外債援助總額的利息	2億美元
聯合國估計非洲每年需要用於控制愛滋病教育、防治和治療的費用總和	150億美元
非洲國家每年支付的債務總額的利息	135億美元
扎伊爾每年的人均收入	110美元
為償還國外債務每個扎伊爾人需要支付的金額	236美元
贊比亞1997年預算中用於償還國外債務的百分比	40%
贊比亞預算中用於基本社會福利事業(包括衛生和教育)的百分比	7%
世界上欠債最多的國家的債務中,世界銀行和國際貨幣基金組織能夠在不影響自身運作的情況下將其免除的債務比率	100%
世界銀行和國際貨幣基金組織實際同意免除的債務比率	33%
2000年埃克森公司的利潤額	169億美元
貝寧、布隆迪、乍得、幾內亞比紹、聖多美、多哥、盧旺達、中非共和國、塞拉利昂、馬里、索馬里和尼日爾的債務總額	169億美元

資料來源:戴維·魯德曼(David Roodman),《還在等待大赦年——第三世界貸款危機的實用解決方案》,《世界觀察專論》(華盛頓特區:世界觀察研究所,2001年4月);「福音兩千年」英國網站www.jubilee2000uk.org, 2001年5月17日閱覽;「福音兩千年」美國網站www.j2000usa.org/action5.htm;「減免債務」組織網站www.dropthedebt.org,2001年5月22日閱覽;約瑟夫·卡恩(Joseph Kahn),《美國為非洲提供數十億美元抗擊艾滋病》,《紐約時報》,2000年7月18日。次級文獻:《世界觀察》,第14卷,第4期,2001年7/8月,第39頁。

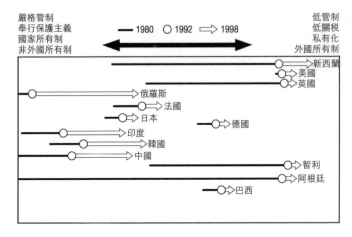

撤銷管制和自由化的進展，1980—1998年

資料來源：文森特·凱布爾（Vincent Cable），《全球化與全球管理》（皇家國際事務研究所，1999年），第20頁。

　　貿易的國際化與金融交易的自由化同步發生。前者的主要組成部分包括撤銷利率管制、消除信用控制，以及國有銀行和金融機構的私有化。隨着限制的減少和投資機會的增加，金融交易的全球化增加了金融業不同部分之間的流動性。隨着歐洲、美洲、東亞、澳洲和新西蘭政府逐步撤銷對資本和證券市場的控制，這種新的金融基礎結構在20世紀80年代出現了。10年後，東南亞國家、印度和幾個非洲國家也相繼效仿。

　　上世紀90年代期間，新的衛星系統和光導纖維通

訊電纜提供了基於互聯網技術的傳導系統，這進一步加快了金融交易的自由化。如微軟首席執行官比爾·蓋茨(Bill Gates)那本暢銷書風靡一時的書名所言，很多人「以思考般的速度做生意」。眾多個人投資者不僅利用全球電子投資網下訂單，而且還可以獲得相關的經濟和政治進展方面的寶貴信息。2000年，「電子商務」、「dot.com公司」，以及其他實際參與這種以信息為基礎的「新經濟」的人，僅在美國就通過網絡完成了4000億美元的交易。到2003年，全球商務交易預計會達到60000億美元。企圖連接紐約、倫敦、法蘭克福和東京股票交易的投機活動也正在緊鑼密鼓地進行。這種計算機網絡空間中的金融「超市」將遍布全球，它的電子觸角會伸向無數張分散的投資網，並以驚人的速度進行數十億次的貿易。

然而，在這些全球金融交易中，有很大一部分資金與為生產性投資(如組裝機器和組織原材料、工人生產可出售的商品)提供資本無關。大多數金融資金以高風險的「對沖基金」，以及其他只涉及貨幣交易的貨幣和證券市場的形式增長，它們以承諾未來的生產利潤做交易——換句話說，投資者是在對還不存在的商品或貨幣比率下賭注。例如，2000年，僅僅在全球貨幣市場上，每天的資金交易額就相當於20000億美元。在推進高風險創新的高度敏感的股票市場的控制下，世界金融體系表現出高度不穩定、競爭瘋狂以及普遍

圖7　紐約證券交易所。平均每個交易日有數十億股票在這裏易手。

不安全的特點。全球投機商經常利用金融和銀行的脆弱體系，從發展中國家的新興市場賺取巨額利潤。然而，由於這些國際資金可以快速地反方向流動，它們就能夠建立人為的繁榮——衰退循環，從而威脅整個地區的社會福利。1997至1998年期間的東南亞金融危機就是近來金融交易全球化所導致的經濟倒退。

東南亞金融危機

20世紀90年代，為了吸引國外的直接投資，泰國、印度尼西亞、馬來西亞、韓國和菲律賓政府都逐漸取消了對國內資金流動的限制。為建設更穩定的貨幣環境，這些國家提高了國內利率，並把本國貨幣與美元的價值聯繫起來。隨後，缺乏理性的國際投資者欣喜若狂，這使得整個東南亞的股票和房地產市場飛速上漲。然而直到1997年，投資者才發現，由於通貨膨脹的原因，價格已經遠遠超過實際價值。他們驚恐萬狀地收回了1050億美元，迫使這些國家的政府廢除聯繫匯率。由於無法阻止隨之而來的貨幣價值自由下滑，這些國家用盡了它們全部的外匯儲備。由此，經濟產出減少，失業人數增加，工資水平直線下跌。國外銀行和債權人做出反應，拒絕新的貸款申請和擴大已有的貸款。1997年末，整個東南亞地區陷入了金融危機帶來的痛苦之中，並產生了可能引發全球經濟衰退的威脅。由於國際社會的經濟援救方案，加上迅速以最低價向外國投資者出售東南亞的商業資產，這才勉強免於遭致災難性的後果。時至今日，東南亞國家的普通民眾還在經受由那場經濟災難帶來的社會和政治方面的可怕後果。

跨國公司的力量

　　所謂跨國公司，其實就是我們在上一章中所討論的早期現代商業企業的當代版本。在幾個國家擁有子公司的大公司的數量，已從1970年的7000家猛增到2000年的5萬家。像通用汽車公司、沃爾瑪公司、埃克森美孚公司、三菱公司和西門子公司這些企業，都屬於200家最大的跨國公司，它們的產量佔世界工業總產量的一半以上。所有這些公司的總部無不設在北美、歐洲、日本以及韓國，這種地理分布的集中性反映了當下南北之間不均衡的力量關係；然而即使是在北半球內部，也存在着明顯的力量差別。1999年，200家主要跨國公司中有142家的總部設在美國、日本和德國這三個國家。

　　就經濟實力而言，這些公司超過了民族國家，它們掌控着全世界大多數的投資資金、技術以及進入國際市場的通道。為了保持其在全球市場領域的顯赫地位，跨國公司經常與其他公司合併，近期的合併包括：世界最大的互聯網供應商美國在線與娛樂界巨頭時代華納合併，其總額為1600億美元；戴姆勒——奔馳汽車公司以430億美元收購克萊斯勒汽車公司；以及1150億美元的斯普林特公司與世界通信公司的合併。仔細研究公司的銷售額和各國的國內生產總值就會發現：全球經濟100強中有51個是公司，而只有49個是國家。由此，難怪一些評論家會把經濟全球化的特徵描

述為「公司全球化」或「來自上層的全球化」了。

　　隨着政府逐漸撤銷對全球勞務市場的管制，跨國公司加強了它們的全球運作。在南半球，它們可以獲得廉價的勞動力、資源以及有利的生產條件，這就提高了公司的靈活性和效益。跨國公司佔有世界貿易70%以上的份額，在20世紀90年代期間，它們的國外直接投資以每年15%左右的幅度遞增。它們能夠在世界許多不同地區把生產進程分割為眾多環節，這反映了全球生產本質的變化。這種跨國生產網絡使得如耐克公司、通用汽車公司、大眾公司這樣的跨國公司能夠以全球規模生產、分配和銷售它們的產品，例如，耐克公司就將全部生產分包給了中國、韓國、馬來西亞和泰國的75000個工人。跨國生產網絡使得跨國公司更容易越過以國家為基礎的工會組織以及其他工人組織，從而增強全球資本主義的實力。在幾次成功的消費者抵制和其他形式的非暴力直接行動中，通過贏得公眾的參與，全世界反血汗工廠運動的積極分子對跨國公司的這些策略做出了回應。

跨國公司與國家：一項比較

	國家	國內生產總值 （百萬美元）	公司	銷售額 （百萬 美元）
1	丹麥	174,363.0	通用汽車公司	176,558.0
2	波蘭	154,146.0	沃爾瑪公司	166,809.0
3	南非	131,127.0	埃克森美孚公司	163,881.0
4	以色列	99,068.0	荷蘭皇家/殼牌公司	105,366.0
5	愛爾蘭	84,861.0	國際商用機器公司	87,548.0
6	馬來西亞	74,634.0	西門子公司	75,337.0
7	智利	71,092.0	日立公司	71,858.5
8	巴基斯坦	59,880.0	索尼公司	60,052.7
9	新西蘭	53,622.0	本田汽車公司	54,773.5
10	匈牙利	48,355.0	瑞士信貸公司	49,362.0

資料來源：銷售額：《財富》雜誌，2000年7月31日；國內生產總值：世界銀行，《2000年世界發展報告》。

　　毫無疑問，跨國公司實力的增長深刻地改變了國際經濟的結構與功能。這些巨型公司及其全球戰略已經成為了全球貿易流動、工業分布和其他經濟活動的主要決定因素。因此，跨國公司在影響許多國家的經濟、政治和社會福利制度方面扮演着極其重要的角色。最後，再舉一個例子。

諾基亞公司在芬蘭經濟中的作用

諾基亞公司是以芬蘭西南部一個小鎮的名字命名的，它從十多年前一個不起眼的公司一躍成為了一家大型跨國公司，世界上銷售的每100部手機中就有37部是由該公司生產的。現在，它的產品用一張無形的網將全球10億人連接起來。然而諾基亞公司給芬蘭的回報，即讓它成為全球令人矚目的內部聯繫最為緊密的國家，卻是以經濟依賴為代價的。諾基亞公司是芬蘭經濟的龍頭，佔有股市價值的三分之二以及全國出口總量的五分之一。該公司僱傭了22000個芬蘭人，這括大約兩萬個憑合同為諾基亞工作的本國非芬蘭裔僱員。諾基亞公司為荷蘭稅收貢獻了很大一部分，其年銷售額高達250億美元，幾乎相當於整個國家的預算。然而當近些年諾基亞公司的發展速度減緩時，公司主管人員透露說，他們對國家相對過高的所得稅不滿。現在，很多芬蘭民眾擔心，諾基亞公司為數不多的幾個管理人員的決策可能會迫使政府減少公司稅收，從而廢棄本國豐厚的、平等主義的福利制度。

國際經濟機構作用的加強

在經濟全球化的語境中，最常提到的三個國際經濟機構是國際貨幣基金組織、世界銀行和世界貿易組織。這三個機構享有制定並實施全球經濟規則的特殊地位，這是由南半球與北半球之間的實力差別決定的。由於我們將在第七和第八章中詳細討論世界貿易

組織，所以在此我們要重點討論另外兩個機構。如前文所指出的，國際貨幣基金組織和世界銀行都源於布雷頓森林體系。冷戰期間，這兩大機構的作用是為發展中國家提供貸款，這與西方遏制共產主義的政治目標有關。自20世紀70年代以來，尤其是在前蘇聯解體後，國際貨幣基金組織和世界銀行的經濟日程與新自由主義的利益保持一致，這是為了在全世界範圍內整合市場，並減少政府對市場的控制。

國際貨幣基金組織和世界銀行可以向發展中國家提供急需貸款，作為回報，它們應債權國的要求要在這些發展中國家實行所謂的「結構性調整計劃」。20世紀90年代這套新自由主義政策在發展中國家實施後，經常被稱為「華盛頓共識」，它是由20世紀70年代曾任國際貨幣基金組織顧問的約翰‧威廉森(John Williamson)設計並調整的。這一計劃的各個部分主要是針對還有大量20世紀七八十年代外債殘留的國家的，其官方目的是在發展中國家改革債務國的內部經濟機制，從而有利於它們儘早償還貸款。然而，實際上，這個計劃的條款清楚地表現了一種新的殖民主義形式。威廉森所界定的「華盛頓共識」的10個要點要求各政府必須實行以下結構調整，然後才能獲得貸款資格：

1. 確保財政紀律，控制預算赤字；
2. 削減公共支出，特別是在軍事和公共管理方面；
3. 稅制改革，旨在創建一個基礎廣泛、執行有效的體制；
4. 金融自由化，由市場來決定利率；
5. 實行競爭匯率，支持由出口帶動的經濟增長；
6. 貿易自由化，外加取消進口許可制度以及降低關稅；
7. 促進國外直接投資；
8. 將國有企業私有化，達到高效管理和提高效益；
9. 撤銷對經濟的管制；
10. 保護產權。

　　難怪這一計劃叫做「華盛頓共識」，因為從一開始，美國就是國際貨幣基金組織和世界銀行的主導力量。然而，不幸的是，這些機構發放的大部分「開發貸款」或者進了獨裁政治領導者的私囊，或者養肥了他們通常為之服務的當地企業和北半球公司。有時候，過多的資金都消耗了在不成熟的建設項目上。最重要的是，結構性調整計劃很少能達到「開發」債務社會的預期效果，因為削減公共開支的規定減少了社會項目的數量和教育機會，加劇了環境污染以及絕大多數人貧困的程度，最典型的就是國家預算的最大份額都消耗在供了給未償還的債務上。例如，1997年發展中國家支付債務的總費用為2920億美元，但得到的新貸款卻只有2690億美元。這意味着從南半球向

北半球淨轉移了230億美元的財富。在反全球主義勢力的壓力下，直到最近，國際貨幣基金組織和世界銀行才同意考慮一下在特殊情況下豁免總括債務的一項新政策。

新自由主義經濟學與阿根廷

不到十年前，國際貨幣基金組織和世界銀行的官員認為阿根廷是「典型的發展中國家」。大量結構性調整計劃導致阿根廷的國有企業走向私有化，關稅被削減，很多社會項目被廢除；阿根廷政府為較低的失業率、釘住美元的穩定貨幣以及雄厚的外國投資而慶幸。短短的幾年之間，自由主義經濟學似乎被證明是正確的；然而當國際貨幣基金組織要求從緊的償還新貸款的措施時，阿根廷的經濟開始出現了問題。2000年6月，為符合國際貨幣基金組織赤字方針的要求從而得到72億美元的應急信用額度，政府開始縮減預算，這引發了集體大罷工，國家陷入了癱瘓狀態。2002年1月，在經過了大城市數月強烈的街頭抗議活動之後，阿根廷正式決定不償還高達1410億美元的巨額公共債務。為了防止國家金融和社會的徹底崩潰，在短短兩個星期內，阿根廷第五任總統愛德華多·杜阿爾德(Eduardo Duhalde)進一步限制人民獲取儲蓄存款，降低比索與美元的匯率。幾小時內，貨幣貶值三分之一，普通人的勞動成果被洗劫一空。「阿根廷已經破產完蛋，」總統承認，「這個〔新自由主義的〕模式把所有一切都一掃而空。」

如本章所示，我們幾乎無法將全球化的經濟視角與對政治進程和機構的分析截然分開。畢竟，全球經濟互聯性的加強不是簡單地憑空而來；相反，它是由一系列政治決策啟動的。因此，本章儘管承認經濟學對我們討論全球化的重要性，但在同時，最後還想提出如下建議：我們應該懷疑那些片面的說法，即把不斷擴大的經濟活動看做全球化的主要方面並將其視為快速發展背後的動力。全球化的本質是多向度的，它要求我們更加詳盡和充實地去論述全球化經濟與政治方面的互動。

第四章
全球化的政治向度

　　政治全球化是指全球範圍內政治關係的強化和擴展。這些進程提出了一系列重要的政治問題，它們與國家主權的原則、政府間組織日益擴大的影響力以及地方與全球管理的前景相關。顯然，這些主題與超越民族國家框架的政治安排的演變相對應，從而開闢了全新的概念基礎。畢竟，過去幾個世紀以來，人類都以領土為界來建構他們的政治差異，從而產生一種對某一特定民族國家的「歸屬」感。

　　地球的社會空間被人為地劃分為「本國」和「外國」，這與人們創造一個基於共同的「我們」和陌生的「他們」之上的集體身份相對應。因此，現代民族國家制度依賴於心理根基和文化想像，它們傳達了生存的安全感和歷史的延續感，同時要求以民族忠誠來考驗公民。在將他者形象妖魔化的影響下，人們相信自己民族的優越性，這為發動大規模戰爭提供了必要的精神能量——正如現代國家強大的生產能力為上世紀的「全面戰爭」提供了必要的物質條件一樣。

　　全球化的當代表現部分地越過了這些古老的領土

國界；在這一過程中，它同時也弱化了堅不可摧的觀念和文化分界。在強調這些傾向的同時，鼓吹全球化者認為，20世紀60年代末迄今這段時期的特點是政治、統治和管理上徹底的「去領土化」。而全球化懷疑論者則認為這些說法最多不過是不成熟的表現，從最壞處說甚至是錯誤的，他們不但確認了民族國家作為現代社會生活的政治承載者仍然具有相關性，而且指出地區集團的出現是新形式的領土化的跡象。因為這兩群人對現代民族國家命運的估量存在差異，所以他們對經濟和政治因素孰輕孰重也在爭論不休。

在這些爭論中，出現了探討政治全球化程度的三個基本問題：第一，跨越國界的資本、人口和技術的大量流動是否真的削弱了民族國家的權力？第二，這些流動的主要原因在於政治原因還是經濟原因？第三，我們是否已經看到全球管理的出現？在詳細回答這些問題之前，先讓我們來簡要地考慮一下現代民族國家制度的主要特徵。

現代民族國家制度

現代民族國家制度的起源，可以追溯到17世紀歐洲的政治發展。1648年，《威斯特伐利亞和約》結束了新教宗教改革後歐洲大國的一系列宗教戰爭。以最新形成的主權和領土原則為基礎，隨之出現的自給自足、非個人化的國家模式，挑戰了中世紀拼湊起來的

圖8 聯合國安理會在開會。安理會由15個國家組成，其中的五個國家──美國、英國、法國、俄羅斯和中國──是永久成員國。根據《聯合國憲章》第25條的規定，成員國必須遵守安理會的決議。

小政體。這些小政體的政治權力往往是地方性的，它們集中在個人手裏，但仍然服從於一個較大的帝國政權。威斯特伐利亞模式的出現並沒有使廣袤的帝國疆域的跨國特點在一夜之間黯然失色，但它卻逐漸強化了一個新的國際法觀念，該觀念基於所有國家都有平等的自決權這一原則之上。不管是處於法國和普魯士專制國王的統治下，還是處於形式更加民主的英國和荷蘭君主立憲制和共和國領導者的統治下，這些統一的疆域都構成了現代性世俗的基礎和民主政治權力體制的基礎。根據政治學家戴維‧赫爾德的看法，威斯特伐利亞模式包含了以下幾個要點：

1.世界由不承認更高權威的擁有主權領土的國家組成，而且劃分為這樣的一些國家。

2. 主要由單個國家掌握制定法律、解決爭端以及實施法律的過程。

3. 國際法傾向於建立共存的最低規則；建立長久關係是一個目的，但它必須要符合國家目標。

4. 跨越國界的過錯行為的責任只是與當事人相關的「私人問題」。

5. 認為所有國家在法律面前一律平等，但法律條款並不考慮國力的不平衡。

6. 國家通常以武力解決爭端，一切都是由強國說了算。實際上並不存在遏制武力使用的法律約束，國際法律準則只提供最低程度的保護。

7. 所有國家共同的首要任務在於把限制國家自由的障礙減少到最低。

《威斯特伐利亞和約》簽訂後的幾個世紀裏，政治權力進一步集中，國家管理機構進一步擴張，專業外交進一步發展，國家成功地壟斷了高壓政治手段；而且，國家提供了商業擴張所必需的軍事手段，這反過來又促進了歐洲政治統治模式在全球的傳播。

　　第一次世界大戰末期，美國總統伍德羅‧威爾遜（Woodrow Wilson）提出了有名的基於民族自決原則的「十四點」協議，致使現代民族國家制度有了新的表現形式。他設想所有形式的民族身份都應該在領土上表現為擁有獨立主權的「民族國家」，但實現這一點卻非常困難；而且，由於威爾遜把民族國家神聖化為他所提出的國際體系的道德和法律的最高點，他無意間就使那些激進的種族和民族主義勢力獲得了某種合法性，它們把世界主要強國再次推進了一次全球規模的戰爭。

　　然而，威爾遜對民族國家的苦心孤詣與他的國際主義夢想是分不開的，他想在國際聯盟這一新的國際組織的領導下，建立一個集體安全的全球體系。隨着1945年聯合國的成立，威爾遜意在使國際合作形成機構的想法最終得以實現。雖然聯合國和其他新興的政府間組織深深植根於以現代民族國家體制為基礎的政治秩序，但它們也促進了跨越國界的政治活動不斷擴展，並因此破壞了國家主權獨立的原則。

　　隨着全球化趨勢在20世紀70年代日益加強，由一

個個國家組成的國際社會迅速轉變為政治上相互依存的全球網絡，這對民族國家的主權形成了挑戰。1990年，海灣戰爭伊始，美國總統喬治‧布殊成功地宣布了「新世界秩序」的產生，這實際上宣告了威斯特伐利亞模式的死亡，新秩序的領導者不再尊重跨越國界的過錯行為只與當事國有關的看法。這意味着現代民族國家制度不再可行了嗎？

民族國家的終結？

　　鼓吹全球化者以肯定的方式回應了以上的問題。同時，他們中的大多數人認為，政治全球化不過是在更為根本的經濟和技術力量的推動下產生的次要現象而已。他們主張，一股不可遏制和無法抗拒的技術和經濟力量幾乎已經使政治變得軟弱無力，它會破壞政府重新引入限制性政策和規定的所有企圖。這些評論者賦予經濟一種不同於政治甚至超越政治的內在邏輯，他們期待着世界歷史的一個新階段，屆時，政府的主要作用將不過是全球資本主義的一個超導體而已。

　　鼓吹全球化者宣布一個「沒有國界的世界」的興起是為了讓公眾相信，作為理解社會政治變化的一個有意義的概念，全球化必然涉及國界的消亡。因此，這群評論者認為，政治權力存在於全球社會的構成中，體現在全球網絡而不是以領土為基礎的國家上。

實際上他們主張，在全球經濟中民族國家已經不再起主導作用了。隨着領土的分界變得越來越不重要，甚至就連國家也不再那麼有能力決定國內社會生活的方向了。比方說，由於與真正的全球資本市場運作相比，民族國家控制匯率或者保護本國貨幣的能力相形見絀，它們也就更容易受到其他地方經濟政策的影響，對此，國家並不能進行實際的控制。鼓吹全球化者堅持認為，地方經濟與近乎完美的全球生產交換網絡的聯合將決定未來最基本的政治秩序。

一些全球化懷疑論者持有不同意見，他們反而強調政治在釋放全球化力量中發揮的關鍵作用，特別是在通過政治力量進行成功動員這一方面。他們認為，全球經濟活動的快速擴展不能簡單地歸因於市場的自然法則和計算機技術的發展；相反，它來自20世紀八九十年代新自由主義政府撤銷資本國際限制的政治決策。一旦那些決策得以執行，全球性市場和新技術就應運而生了。這一觀點清楚地表明，領土仍然很重要。因此，全球化懷疑論者堅持認為，無論是以現代民族國家的形式還是以世界性城市的形式而運作，傳統的政治單位仍然難脫關係。

在我看來，無論是鼓吹全球化者還是全球化懷疑論者，他們都還在類似於雞生蛋還是蛋生雞這種令人特別苦惱的問題上糾纏不休。無論如何，政治決策啟動了相互依存的經濟形式，而這些決策又是在某些特

定的經濟語境裏制定的。如我們在前幾章裏所指出的，全球化的政治和經濟方面是緊密聯繫在一起的。無疑，最近的一些經濟發展，如貿易自由化和撤銷對經濟的管制，已經極大地限制了國家的政治選擇——在南半球尤其如此。例如，資本現在已經越來越容易逃脫稅收和其他國家政策的限制，這樣一來，全球市場經常削弱了政府設定獨立的國家政策目標以及強制執行國內標準的能力。因此，我們應該承認作為主權實體的國家的衰落以及由此引起的國家權力向地區、地方政府和各種跨國機構的轉移。

另一方面，這一妥協讓步未必是説，面對全球力量的運作，民族國家已經成為了無能為力的旁觀者。政府仍然可以採取措施，從而使它們的經濟或多或少地吸引全球投資者。另外，民族國家仍然控制着教育、基礎設施以及最為重要的人口流動。確實，人們經常援引説，全球一體化這一總趨勢最為顯著的例外就是控制移民以及登記和監管人口。雖然世界上只有2%的人口生活在他們的出生國之外，控制移民卻已經成為了大多數發達國家的核心事務。許多政府企圖限制人口流動，特別是那些來自南半球窮國的人口。即使是在美國，20世紀90年代年均六十萬左右的移民也只不過是20世紀頭20年記錄數的一半而已。

最後，作為對「九一一」恐怖襲擊的回應，全世界採取了一系列重大的國家安全措施，由此反映出的

政治動因與鼓吹全球化者所預言的無國界世界正好相反。一些民權運動者甚至擔心，全世界愛國主義的捲土重來或許會使國家重新限制運動和集會。而與此同時，全球恐怖主義網絡的活動已經暴露出了以現代民族國家制度為基礎的傳統國家安全結構的不足，從而迫使各國政府致力於新形式的國際合作。

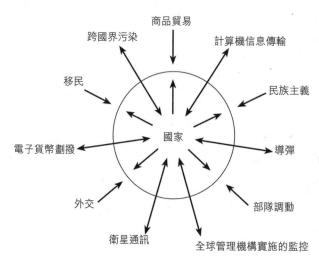

全球化世界中的民族國家。

資料來源：簡·阿特·肖爾特(Jan Aart Scholte)，《世界政治的全球化》，選自約翰·貝里斯(John Baylis)和史蒂夫·史密斯(Steve Smith)編寫的《世界政治的全球化》，第2版(牛津大學出版社，2001年)，第22頁。

那麼總的來說，我們應該拒絕過早地宣布民族國家即將終結，同時也要承認民族國家已經越來越難以

履行它的一些傳統功能。當代全球化已削弱了國內和國外政策之間的一些傳統界限，同時促進了跨國界的社會空間和機構的成長，這自然又動搖了傳統的政治格局。21世紀伊始，世界正處在現代民族國家體系與後現代全球管理形式之間的一個過渡階段。

政治全球化和全球管理

政治全球化最顯著地體現了在跨國機構和聯盟的興起之上，這些機構和聯盟由共同的規範和利益連在一起。在這一全球管理的早期階段，這些組織彷彿是一個由相互聯繫的力量中心(如省市政府、地區集團、國際組織，以及國內和國際的民間私營聯盟)構成的網絡。

在省市層次上，在各個地方當局之間，提出政策和跨國界接觸的數量有了顯著增長，例如，在中國的省份和美國的聯邦州之間已經建立了永久性的聯絡團體和聯絡點，其中的一些能夠相對獨立地運作，很少受到各自國家政府的監督。為獲得貸款，加拿大、印度和巴西的各省份和聯邦州也開始發展它們自己的貿易日程和金融戰略了。城市國際合作的一個例子是像世界大都市聯盟這樣的強大城市網絡的興起，它們開發合作性的投機事業，從而處理共同的跨越國界的地方性問題：像東京、倫敦、紐約和新加坡這樣的「世界性城市」彼此之間聯繫密切，就密切程度而言，往往超過它們與各自國內許多城市的聯繫。

在地區層次上，多邊組織協定大量產生。全世界地區性協會與機構的湧現使得一些觀察家認為，它們最終會取代民族國家成為基本的管理單位。最初，這些地區性集團是因整合地區經濟而出現的，有時它們已經發展成為鬆散的政治聯盟，擁有共同的管理機構。例如，1950年創建的歐洲共同體源於法國外交部長羅伯特·舒曼（Robert Schuman）一個不起眼的計劃，它旨在建立一個負責管理法國和德國煤炭和鋼鐵生產的跨國機構；半個世紀之後，15個成員國已經形成了一個具有政治機構的緊密的共同體，它制定共同的公共政策，設計休戚與共的安全計劃。1991年前蘇聯解體之後，東歐的許多國家已經正式申請加入歐盟。

在全球範圍內，各國政府已經組成了許多國際組織，包括聯合國、北大西洋公約組織、世界貿易組織和經濟合作與發展組織。這些組織完全合法的成員資格只向國家開放，它的決策權來自各國政府的代表。這些世界團體的激增表明，民族國家已經越來越難以管理不斷蔓延且相互依存的社會網絡了。

最後，新興的全球管理結構也受到了「全球公民社會」的影響，這個領域主要由世界範圍內成千上萬自發的非政府組織組成。像國際特赦組織以及綠色和平組織這樣的國際非政府組織代表着上百萬普通民眾，他們隨時準備挑戰民族國家和政府間組織的經濟

和政治決策。在第八章裏，我們會再討論其中一些組織的反全球主義活動。

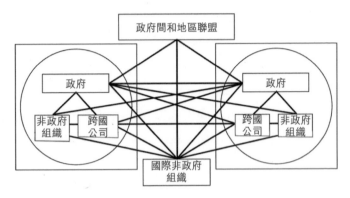

發端時期的全球管理：相互聯繫的權力中心網絡。

資料來源：改編自彼得‧威利茨(Peter Willets)的《全球政治中的跨國因子與國際組織》，摘自貝里斯和史密斯合編的《世界政治的全球化》，第379頁。

一些全球化研究者相信，政治全球化可能會促進民主的跨國社會力量的出現，它植根於蓬勃發展的全球公民社會。這些樂觀的聲音預言民主權利將最終擺離與涇渭分明的領土單位的狹隘關係，它們期待着出現一種民主的全球管理結構，這種結構基於西方的世界主義理想、國際法律運作以及各種政府和非政府組織間不斷擴展的聯繫網之上。如果這樣一個誘人的遠景方案果真能夠實現，那麼世界主義民主的出現可能

會是政治全球化的最終結果，它會成為在相互容忍和彼此負責的結構中多元身份活躍的基礎。根據這一觀點的主要闡述者之一戴維·赫爾德的看法，未來的世界主義民主包含下列政治特徵：

1. 一個與各地區、國家和地方相聯繫的全球議會；
2. 一個有關權利和責任的新憲章，它關注政治、社會和經濟力量的各個方面；
3. 經濟利益與政治利益的正式分離；
4. 一個相互聯繫的全球法律體系，它具有從地方到全球的強制執行機制。

　　一批並不那麼樂觀的評論者質疑政治全球化正在走向世界主義民主這一看法。大多數批評可以歸結為：政治全球化沉湎於一種幻想的、抽象化的理想主義之中，沒有考慮當前公共政策層面的政治發展。懷疑論者還認為，世界主義的提倡者沒有充分仔細地考慮全球民主在文化上的可行性——換句話說，世界範圍內文化、經濟和政治互動的加強會引起對立和反抗，這似乎與那個彼此融合、寬容差異的溫和而美好的幻想同樣真實。要繼續探究全球化的這一文化向度，就讓我們進入下一章吧。

第五章
全球化的文化向度

即使寫一本十分簡略的介紹全球化的入門書，如果不去審視它的文化向度，也會給人留下遺憾和不足。文化全球化是指全球範圍內文化活動的加強與擴展。顯然，「文化」是一個相當寬泛的概念；人們經常用它來描述所有的人類經驗。為了避免下文出現概括過度的問題，就必須對社會生活的各個方面進行分析和區別。例如，我們把形容詞「經濟的」與商品的生產、交換和消費聯繫了起來；如果討論「政治的」方面，我們是指與社會中權力的產生和分配有關的實踐活動；如果討論「文化的」方面，我們關注的是意義的象徵性構建、表達和傳播。鑒於語言、音樂和圖像構成了象徵性表達的主要形式，它們在文化領域中具有特殊的意義。

過去幾十年裏，文化互聯和依存的網絡蓬勃發展，這使得一些評論者認為，文化實踐是當代全球化的核心。然而，文化全球化並非始於搖滾樂、可口可樂或足球在全世界的傳播。正如第二章所指出的，文明間的廣泛交流比現代性要古老得多。儘管如此，當

代文化傳播在數量和程度上都大大超過了以前的各個時期。在互聯網和其他新技術的帶動下，相比起以往，我們這個時代主要的意義象徵系統，如個人主義、消費主義以及各種宗教話語，得到了更加自由和廣泛的傳播。因為思想和圖像能夠輕易而快速地從一地傳播到另一地，所以它們深刻地影響了人們對日常生活的體驗方式。現在，文化實踐經常避開如城鎮和國家這樣的固定地點，最終在與全球主要主題的互動中獲得新的意義。

由於研究文化全球化的學者涉獵的主題圖景廣闊，提出的問題太多，我們無法在這本簡略的入門書裏進行充分論述。本章並不想提供一長串相關話題的清單，而只是想重點討論四個重要主題：新興的全球文化中同一性與差異性之間的張力，跨國媒體公司在傳播大眾文化方面的重要作用，語言的全球化，以及物質主義和消費主義的價值觀對我們這個星球的生態系統的影響。

全球文化：同一性還是差異性？

全球化讓全世界的人們變得更加相似還是更加不同？這是在討論文化全球化這一主題時經常提到的問題。一群所謂的「鼓吹全球化的悲觀的評論家」贊同前者，他們認為，我們並非正在走向一個反映世界現存文化多元性的文化幻想。相反，我們看到的是一個

不斷被同質化的大眾文化的興起，支撐它的是以紐約、好萊塢、倫敦和米蘭為中心的西方的「文化產業」。這些評論家指出，他們這一解釋的證據是，亞馬遜河區的印第安人穿着耐克訓練鞋，南撒哈拉沙漠的居民購買美國德士古棒球帽，巴勒斯坦青年在拉姆安拉商業區炫耀他們的芝加哥公牛隊的運動衫。這種文化同質說的闡述者把英美價值觀和消費品的傳播看做「世界的美國化」，他們認為，西方的規範和生活方式正在顛覆那些更為弱小的文化。雖然有些國家在努力抵制這些「文化帝國主義」的力量——例如，在伊朗，人們被禁止使用圓盤式衛星天線，法國對進口電影和電視節目強制實行配額和關稅制度——但在美國，大眾文化的傳播似乎勢不可當。

在北半球主要國家內部，這些同一性的表現也很明顯。美國社會學家喬治·里茨(George Ritzer)發明了「麥當勞化」這個術語來描述這一廣泛的社會文化進程，由此，快餐店原則開始逐漸控制美國社會和世界其他地方越來越多的行業部門。從表面上看，這些原則似乎是合乎理性的，它們努力以高效而平常的方式來滿足人們的需求。然而，在聲稱「喜歡見到你微笑」的這類不斷重複的電視商業廣告背後，我們能看出一些嚴重的問題。其一，一般來說快餐食品營養價值低，其中脂肪含量尤其高——這成為了出現嚴重健康問題(如心臟病、糖尿病、癌症和兒童肥胖症)的內

美國式的生活方式

弗吉尼亞州萊克里奇一家西夫韋連鎖超市出售的帶包裝麵包的品種數	104
以上那些麵包中不含氫化油脂或甘油二酯的品種數	0
快餐業每年用於電視廣告的費用總額	30億美元
用於推廣美國國家癌症研究所「每日五項」計劃(鼓勵人們消費水果和蔬菜以預防癌症和其他疾病)的費用總額	100萬美元
星巴克出售的「咖啡飲料」的品種數(其店面每周接待五百多萬名顧客,他們大多匆忙進出)	26
20世紀50年代紐約市格林威治村咖啡店裏的「咖啡飲料」的品種數	2
2001年郊區居民可購買的新型汽車的品種數	197
大多數郊區居民除汽車外可以利用的其他便捷交通方式的數量	0
2000年美國日報的品種數	1,483
控制以上大多數報紙的公司的數量	6
美國人平均每周空閑的小時數	35
美國人平均每周看電視的小時數	28

資料來源:埃里克‧索斯勒(Eric Schossler),《快餐國家》(霍頓與米夫林出版社,2001年),第47頁;www. naa.org/info/facts00/11.htm;《2001年消費者報告購買指南》(消費者協會,2001年),第147–163頁;勞里‧加勒特(Laurie Garrett),《信任的背叛》(海波龍,2000年),第353頁;www.roper.com/news/content/news169.htm;《2001年世界年鑒》(世界年鑒圖書公司,2001年),第315頁;www.starbucks.com。

在根源；而且，「理性的」快餐服務企業的運作例行公事，缺乏人情味，這實際上破壞了多元文化的表現形式。從長遠來看，世界的麥當勞化意味着把統一的標準強加於人，這削弱了人類的創造力，而且使社會關係變得非人性化了。

在這群悲觀的鼓吹全球化者當中，最有思想的分析者或許要數美國的政治理論家本傑明·巴伯(Benjamin Barber)了。在討論這一主題的一本暢銷書裏，他告誡讀者要防範他稱之為「麥克世界」的文化帝國主義——那是一個沒有靈魂的消費資本主義，它正在迅速地把世界多樣化的人口變成一個冷漠和統一的大市場。對巴伯來說，在奉行擴張主義的商業利益的驅使下，麥克世界是20世紀五六十年代拼湊起來的美國膚淺流行文化的產物。音樂、影像、戲劇、書籍和主題樂園服務於美國的形象並向外輸出了這一形象，它們圍繞共同理念、廣告口號、明星、歌曲、品牌、打油詩以及商標創造了共同的趣味。

樂天派的鼓吹全球化者也贊同他們悲觀的同仁，認為文化全球化產生了更多的同一性，但他們認為這是一件好事情。例如，美國社會理論學家弗朗西斯·福山(Francis Fukuyama)明確地表示，他歡迎英美價值觀和生活方式在全球的傳播，並認為世界的美國化就是民主和自由市場的擴展。但是，樂天派的鼓吹全球化者並不是以美國沙文主義者的樣子出現，在世界範

圍內應用命定擴張說[1]這一陳舊的主題。這個陣營的一些代表人物把自己看做堅定的世界主義者，把互聯網讚美為同質化的「技術文化」的先驅。另一些人則熱衷於自由市場，擁護全球消費資本主義的價值觀念。

　　承認世界上存在強大的同質化傾向是一回事，而斷定我們這個星球上現存的文化多元性注定會消失則是另一回事了。實際上，一些有影響的評論者提出了一個相反的推測，它把全球化與新形式的文化表現聯繫了起來。例如，社會學家羅蘭·羅伯遜（Roland Robertson）主張，全球文化的流動經常會給地方文化注入活力。因此，地方差異和特色並非完全被西方同質性的消費主義力量所淹沒，它們在創造璀璨的獨特文化方面仍發揮着重要作用。羅伯遜認為，文化全球化總是發生在地方語境裏；他摒棄了文化同質化這一論點，相反，他提出了「全球地方化」——具有文化借鑒特點的全球與地方的複雜互動。文化「雜交性」的最終表現不能簡化為涇渭分明的「同一性」或「差異性」。如我們在前面討論奧薩瑪·本·拉登時所指出的那樣，這種雜交化過程在時尚、音樂、舞蹈、電影、食品和語言方面表現得最為顯著。

　　在我看來，鼓吹全球化者和懷疑論者各自的觀點未必水火不容。當代跨越文化界限的生存和行為經驗既意味着傳統意義的喪失，也意味着新的象徵表現方

1　19世紀，美國擴張主義者認為美國的對外擴張為天命所定。

式的產生。重新建構的歸屬感與一種流動不居的感覺不安地共存。文化全球化使人們的意識發生了顯著的轉變。實際上，現代性的舊結構似乎正逐漸被一個新的後現代框架所取代，其特點是對身份和知識的感覺不再那麼穩定。

鑒於全球文化流動的複雜性，人們實際上可以預料到不均衡和自相矛盾的結果。在某些情境裏，這些流動或許會改變傳統的民族身份的表現形式，使它朝着具有同一性特點的大眾文化方向發展；在其他情境裏，它們或許會促生新的文化排他主義的表現方式；在另外一些情境裏，它們還會鼓勵文化雜交。那些籠統地指責美國化所帶來的同質化效果的評論者必須記住，在當今世界，幾乎沒有一個社會擁有「本真的」、自足的文化。那些對繁榮的文化雜交性感到極度失望的人應該聽聽激動人心的印度搖滾樂，欣賞一下夏威夷複雜的洋涇濱英語，或者享受一下古巴式中國菜的烹飪樂趣。最後，那些歡迎消費資本主義傳播的人需要注意它帶來的負面效應，如社區情感的大幅削弱及自然和社會的商品化。

媒體的角色

在很大程度上，全球媒體帝國生產和指揮着我們這個時代的全球文化流動，它們依靠強大的通訊技術傳播信息。這些公司以程式化的電視節目和毫無思想

性可言的廣告滲透進了全球文化，不斷地塑造着全世界人們的身份和慾望。在過去20年裏，一小部分巨型跨國公司已慢慢控制了全球娛樂、新聞、電視和電影市場。2000年，僅10家媒體企業集團——美國電話電報公司、索尼公司、美國在線——時代華納公司、貝塔斯曼集團、自由媒體集團、維旺迪環球公司、維亞康姆公司、通用電氣公司、迪士尼公司和新聞集團——就佔世界通訊業年均收入（2500億美元到2750億美元）的三分之二還要多。2000年上半年，全球媒體、互聯網、電訊業聯合組織的交易額達到3000億美元，這一數字是1999年前六個月的三倍。

即使在15年前，也不存在一家控制着本傑明·巴伯所謂的「信息娛樂電訊業」的當代巨型媒體公司。到2001年，幾乎所有這些公司都名列世界非金融業企業的300強。當今，大多數媒體分析者都承認，與20世紀早期的石油和汽車業相類似，一個全球性商業媒體市場的出現就意味着商品供應寡頭獨佔式的壟斷。幾十年前舉足輕重的文化創新者——獨立的小型唱片公司、無線電台、電影院、報紙和圖書出版公司——事實上已經銷聲匿跡，因為它們發現自己根本沒有能力和媒體巨頭競爭。

這種金融與文化的勉強結合帶來了顯著的負面效應。電視節目變成了全球性的「流言蜚語市場」，為各個年齡層次的讀者和觀眾提供美國名人（如布蘭

妮·斯皮爾斯Britney Spears、詹妮弗·洛佩茲Jennifer Lopez、萊昂納多·迪卡普里奧Leonardo DiCaprio和科比·布萊恩特Kobe Bryant）空洞無聊的私生活細節。有證據表明，全世界的人們，特別是北半球那些富國的人們，看電視的時間超過以前任何時候。例如，在美國，每個擁有電視的家庭看電視的日平均時間從1970年的5小時56分鐘增長到了1999年的7小時26分鐘。同年，美國的電視進戶率為98.3%，其中73.9%的用戶擁有兩台或更多台電視機。2000年，美國電視廣告的喧囂達到史無前例的程度，黃金時段每小時的商業廣告最長的超過了十五分鐘，這還不包括時不時就露臉的當地廣告。美國的電視廣告業務量從1970年的36億美元增長到了1999年的504.4億美元。最近有研究表明，美國12歲的兒童每年平均要看兩萬部電視商業廣告片，而那些蹣跚學步的兩歲孩子也已經開始信任商標品牌了。

　　跨國媒體企業所傳播的價值觀念不僅保證了流行文化無可爭議的文化霸權地位，而且還導致了社會現實的非政治化和公民責任感的日益削弱。過去20年，最引人注目的變化就是新聞廣播和教育節目轉變為了淺薄的娛樂節目。由於新聞節目的利潤還不及娛樂節目的一半，所以媒體公司不顧新聞業所鼓吹的新聞編輯業務與商業決策分離的說法，不斷地屈服於高額利潤的誘惑。新聞業與娛樂公司的合作及聯合正迅速成

為一種規範，於是出版管理人員會迫使記者參與報紙的商業活動，這種情況並不罕見。因此，持續打擊新聞業的自主權也是文化全球化的一部分。

2001年「十大」媒體企業集團

美國電話電報公司(對以下這些公司擁有部分或大部分的所有權)

電視：7個網絡(包括華納兄弟公司、家庭票房電視台和娛樂電視網)，1個製片公司，最大的有線電視供應商

電影：3個製片公司(包括華納兄弟公司)

無線電台：加拿大的43個無線電

音樂：一個製作公司(昆西·瓊斯娛樂公司)

索尼公司(對以下這些公司擁有部分或大部分的所有權)

電視：4個網絡(包括德萊門多電視網、精選音樂網和遊戲展示網)

電影：4個製片公司(包括哥倫比亞影視公司)，1個連鎖影院(洛伊影院)

音樂：4個唱片公司(包括哥倫比亞唱片公司、史詩唱片公司和美國唱片公司)，1個錄音室(惠特菲爾德錄音室)

美國在線——時代華納公司(對以下這些公司擁有部分或大部分的所有權)

電視：15個網絡(包括華納兄弟公司、家庭票房電視台、特納廣播公司、特納網絡電視和有線新聞網)，第二大的有線電視供應商，4個製片公司(包括華納兄弟公司和城堡石公司)，收藏有6500部電影，32000個電視節目，1個數字化錄像公司(美國數字錄像公司)

雜誌：64種雜誌(包括《人物》、《生活》和《時代》)

電影：3個製片公司(包括華納兄弟公司和新線公司)

音樂：40個唱片公司(包括大西洋唱片公司、伊萊莎唱片公司和犀牛唱片公司),1個製作公司(昆西·瓊斯娛樂公司)

互聯網：4個互聯網公司(包括美國在線、電腦服務公司和網景公司)，7家網站(包括音樂網、Winamp網、電影訊息與售票網)

貝塔斯曼集團(對以下這些公司擁有部分或大部分的所有權)

電視：歐洲的22個電視台，歐洲最大的廣播商

互聯網：6家網站(包括來科思網、音樂網、得樂網、巴恩斯和諾布爾網)

雜誌：80種雜誌(包括《YM》、《家庭圈》和《健康》)

無線電台：歐洲的18個無線電台

音樂：200個唱片公司(包括阿里斯塔唱片公司、美國廣播唱片公司和貝塔斯曼音樂集團經典唱片公司)

報紙：德國和東歐的11家日報

自由媒體集團(對以下這些公司擁有部分或大部分的所有權)

電視：20個網絡(包括探索頻道、美國網絡、科幻有線頻道、QVC電視購物網)，14個電視台，日本最大的有線電視運營商，兩個製片公司(麥克尼爾和萊爾製片公司)，1個數字化錄像公司(美國數字錄像公司)

互聯網：3家網站(包括票王網和城市搜索網)

電影：6個製片公司(包括美國電影公司、格瑞梅西影視公司和十月電影公司)

無線電台：位於美國的21個無線電台，位於加拿大的49個

無線電台

雜誌：101種雜誌(包括《美國嬰兒》、《現代新娘》和《十七歲》)

維旺迪環球公司(對以下這些公司擁有部分或大部分的所有權)

電視：在15個國家擁有34個頻道(包括美線電視網和太陽舞頻道)，在11個國家擁有有線電視業務，兩個製片公司(環球製片公司)

電影：6個製片公司(包括環球製片公司、寶麗金影業公司和格瑞梅西影視公司)

音樂：10個唱片公司(包括域際唱片公司、高清果醬唱片公司和MCA唱片公司)

互聯網：1個互聯網公司(維薩維公司)，兩家網站(得樂網和萬網)

雜誌：兩種雜誌(《快報》和《拓展》)

報紙：法國的免費報紙

維亞康姆公司(對以下這些公司擁有部分或大部分的所有權)

電視：18個網絡(包括哥倫比亞廣播公司、聯合派拉蒙電視網、音樂電視網和尼克隆頓電視網)，39個電視台，7個製片公司，1個數字化錄像公司(美國數字錄像公司)

電影：4個製片公司，1個電影出租連鎖公司(百視達公司)

互聯網：8家網站(包括運動在線網、好萊塢網和萬網)

雜誌：4種雜誌(包括《BET周末》、《顯現》和《全心全意》)

無線電台：184個無線電台，哥倫比亞廣播公司無線電網絡

通用電氣公司(對以下這些公司擁有部分或大部分的所有權)

電視：12個網絡(包括美國全國廣播公司、藝術與娛樂頻道和布萊伏有線電視網)，13個電視台和帕克斯電視網，5個製片公司，1個數字化錄像公司(美國數字錄像公司)

互聯網：6家網站(包括沙龍網、汽車銷售網和波羅網)

沃爾特‧迪士尼公司(對以下這些公司擁有部分或大部分的所有權)

電視：17個網絡(包括美國廣播公司、娛樂和體育節目網絡、人生頻道)，10個電視台，6個製片公司(包括博偉影視公司、試金石影業公司和薩班影業公司)

電影：6個製片公司(包括帝門影業公司、米拉麥克斯影業公司和試金石影業公司)

無線電台：50個無線電台以及4個網絡

雜誌：6種雜誌(包括《美國周報》、《發現》和《談話》)

新聞集團(對以下這些公司擁有部分或大部分的所有權)

電視：14個網絡(包括福克斯電視網絡、國家地理頻道和高爾夫頻道)，33個電視台，5個製片公司(包括攝政電視公司和XYZ娛樂公司)，1個數字化錄像公司(美國數字錄像公司)

電影：7個製片公司(包括福克斯探照燈公司、攝政時代電影製作公司和二十世紀福克斯公司)

音樂：1個唱片公司(勞庫斯唱片公司)

報紙：7家日報(包括《紐約郵報》、《太陽報》和《澳洲人報》)

改編自《國家》第7期，2002年1月14日

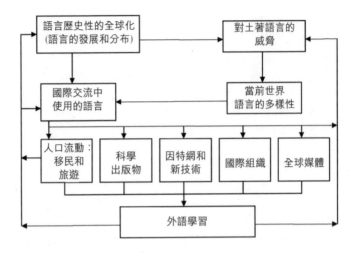

語言的全球化。

資料來源：改編自夏威夷大學馬諾阿分校全球化研究中心發佈的資料，www. globalhawaii.org。

語言的全球化

估量由全球化帶來的文化變化的一種直接方法是研究全球語言使用模式的轉變。語言全球化可以看做這樣一個進程：在國際交流中，人們越來越多地使用一些語言，而另外一些語言卻失去了主導地位，甚至因為缺乏使用者而消失。夏威夷大學全球化研究中心的研究者已經找出了影響語言全球化的五大變量：

1. **語言數量**：世界各地語言數量的減少表明，同質性的文化力量在不斷加強。

2. **人口流動**：語言會隨同人們一起流動和遷移。移民模式影響了語言的傳播。

3. **外語學習和旅遊**：外語學習和旅遊促進了語言跨越國家和文化界限的傳播。

4. **網絡語言**：互聯網已成為了即時交流和快速獲得信息的全球性媒介。網絡語言的使用是分析國際交流中語言的主導性和種類的關鍵因素。

5. **國際科學出版物**：國際科學出版物中包含着全球思想話語的語言，因此對關乎全世界知識生產、再生產和流通的思想界會產生至關重要的影響。

下頁上的圖表說明了這五個變量之間的關係。

由於這些因素之間的相互作用具有高度的複雜性，這一領域的研究經常會得出相互矛盾的結論。以下的圖表只能代表對語言全球化意義和影響的一種可能的概念化理解。這一領域的專家無法達成一致意見，於是他們提出了幾種不同的假設。一種模式提出的假設認為，有幾種語言(如英語、漢語、西班牙語和法語)越來越具有全球影響力，這顯然與世界其他語言數量的不斷減少有關。另一種模式認為，語言的全球化並不一定意味着我們的子孫後代注定只能使用幾種語言。此外，還有一種觀點強調，英美文化工業的力

量會使得英語成為21世紀唯一全球通用的語言。

當然，英語日益彰顯的重要性可謂歷史悠久，可以追溯到16世紀末英國殖民主義產生的時候。那時，以英語為母語的人大約只有七百萬。到20世紀90年代，這一人數已經猛增至超過三億五千萬，另外還有四億多人將英語作為第二語言。現在，互聯網上80%的內容都是英語的。全世界人數不斷增長的外國留學生中，幾乎有一半人在英美國家的大學注冊就讀。

然而，與此同時，世界無書面形式的口頭語言的數量也從1500年的一萬四千五百種左右減少到了2000年的不足七千種。一些語言學家預測，按照目前這種速度減少下去，到21世紀末，50%–90%的現存語言將會消失。

但語言並不是世界上唯一面臨滅絕危險的事物。消費主義價值觀和物質主義生活方式的蔓延也已危及到了我們這個星球的生態健康。

文化價值觀與環境惡化

人們如何看待他們的自然環境在很大程度上取決於其文化背景。例如，沉浸於道教、佛教和各種萬物有靈論中的文化，傾向於強調所有生物之間的相互依存性——要求在生態需要和人類需求之間保持一種微妙的平衡。另一方面，猶太教和基督教的人文主義則包含了深刻的二元價值觀，它認為人類是宇宙的中心。自然被

看成是一種「資源」，可以將它作為一種工具來使用，以此來滿足人類的慾望。這種人類中心範式最極端的表現就是消費主義的主要價值觀念。如上文所指出的，美國主導的文化產業試圖讓全球的觀眾相信，人生的主要價值和意義在於無窮無盡地積累物質財富。

然而，21世紀伊始，我們已經不可能忽視這樣一個事實：人們呼吸的空氣、賴以生存的氣候、吃的食物、喝的水都已經把這個星球上的人緊密地聯繫在一起了。雖然人類明白相互依存這一顯而易見的道理，但因為他們想獲得奢華的生活方式，所以我們這個星球的生態系統在不斷地遭受人類的破壞。即使我們承認，當今世界所面臨的一些主要生態問題也曾是困擾古代文明的問題，但直到工業革命發生前，環境惡化相對來說還是地方性的，而且經歷了成千上萬年的時間。過去幾十年裏，地球環境惡化的規模、速度和深度都達到了史無前例的程度。試看環境惡化的全球化的一些最危險的表現形式。

全世界日益減少的語言數量，1500–2000年

洲	16世紀初期 數量	16世紀初期 %	17世紀初期 數量	17世紀初期 %	18世紀初期 數量	18世紀初期 %	19世紀初期 數量	19世紀初期 %	20世紀初期 數量	20世紀初期 %	20世紀末期 數量	20世紀末期 %	21世紀初期 數量	21世紀初期 %
美洲	2,175	15	2,025	15	1,800	15	1,500	15	1,125	15	1,005	15	366	12
非洲	4,350	30	4,050	30	3,600	30	3,000	30	2,250	30	2,011	30	1,355	45
歐洲	435	3	405	3	360	3	300	3	225	3	201	3	140	5
亞洲	4,785	33	4,455	33	3,960	33	3,300	33	2,475	33	2,212	33	1,044	38
太平洋地區	2,755	19	2,565	19	2,280	19	1,900	19	1,425	19	1,274	19	92	3
世界	14,500	100	13,500	100	12,000	100	10,000	100	7,500	100	6,703	100	2,997	100

資料來源：夏威夷大學馬諾阿分校全球化研究中心，www.globalhawaii.org。全世界日益減少的語言數量，1500–2000年

全球環境惡化的主要表現和後果。

資料來源：本書作者。

　　人們關心的兩大問題與北半球失控的人口增長和奢華的消費模式有關。自大約四百八十代人之前農業經濟第一次出現以來，世界人口爆炸性地增長到了之前的1000倍，達到六十多億。這一增長量的二分之一發生在過去30年間。大概除了嚙齒類動物之外，人類已經成為了地球上數量最多的哺乳動物。對食物、木材和纖維需求的極度增長，已經給地球的生態系統帶來了巨大的壓力。今天，地球表面的大片土地，特別

是那些乾旱和半乾旱地區，從生物學上來説幾乎已經不再具有生產能力了。

人們經常狹隘地把對人口增長與環境惡化問題的關注局限在人口總量的水平上。然而，人類對環境的全球性影響也是人均消費的結果，就如同總體人口規模所產生的結果一樣。例如，美國人口只佔世界人口的6%，卻消費着全球30%–40%的自然資源。地區性的過度消費加上失控的人口增長給我們這個星球的健康帶來了嚴重的問題。除非我們願意改變支撐着這些可怕動因的潛在的文化和宗教價值結構，否則地球母親的健康將有可能會進一步惡化。

2001年某些國家的個人消費模式

國家	肉類（千克）	紙張（千克）	礦物燃料（等量的燃油千克數）	客車(每千人)	個人消費總值
美國	122	293	6,902	489	21,680美元
日本	42	239	3,277	373	15,554美元
波蘭	73	54	2,585	209	5,087美元
中國	47	30	700	3.2	1,410美元
贊比亞	12	1.6	77	17	625美元

資料來源：美國公共廣播服務公司，http://www.pbs.org/earthonedge/science/trends.html。

由人類引起的如全球變暖這種氣候變化，是當代

環境問題在強度和範圍上發生決定性轉變的另一實例。我們這個星球大氣層中排放的氣體（包括二氧化碳、甲烷、氮氧化物和硫氧化物以及氟利昂）迅速積累，這已經大大增強了地球阻止熱量排放的能力，由此而來的「溫室效應」就是造成全球平均氣溫上升的原因。

雖然全球變暖的確切效應難以計算，美國科學家關注聯盟提供的數據表明，全球的平均氣溫從1880年的13.5℃（56.3℉）上升到了2000年的14.4℃（57.9℉）。全球氣溫的進一步升高可能會導致極地地區部分冰帽融化，到2100年會引起全世界的海平面升高90厘米——這一災難性的後果會威脅到世界上許多沿海地區。

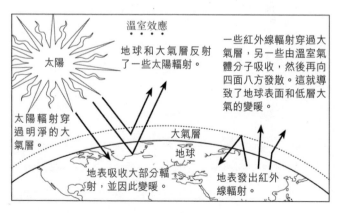

溫室效應

一些紅外線輻射穿過大氣層，另一些由溫室氣體分子吸收，然後再向四面八方發散。這就導致了地球表面和低層大氣的變暖。

太陽

地球和大氣層反射了一些太陽輻射。

太陽輻射穿過明淨的大氣層。

大氣層

地球

地表吸收大部分輻射，並因此變暖。

地表發出紅外線輻射。

圖9　溫室效應。

跨越國界的污染是我們集體生存的另一重大威脅。大量人工合成的化學品被排入到空氣和水中，使得人類和動物的生存條件已超過了以前生物學經驗的極限。例如，20世紀下半期人們使用了氟利昂作為不可燃的冷卻劑、工業溶劑、發泡劑和氣溶膠噴射劑。20世紀70年代中期，研究者指出，無節制地向空氣中排放氟利昂似乎損耗了地球的臭氧保護層。10年後，人們在塔斯馬尼亞、新西蘭和大面積南極地帶的上空發現了很大的「臭氧層空洞」，這最終導致了一項國際聯合行動，即逐漸停止生產氟利昂和其他一些破壞臭氧層的物質。其他一些跨越國界的污染包括工業排

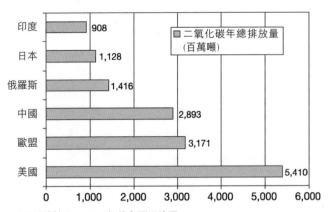

二氧化碳排放量：2001年的主要污染國。

資料來源：英國廣播公司科技報道，http://news6.thdo.bbc.co.uk。

放的硫氧化物和氮氧化物。這些化學物質最終以「酸雨」的形式返回地面，損害森林、土壤和淡水生態系統。北歐和北美部分地區現在的酸性沉澱物至少高達環境監測機構設定的臨界水平的兩倍。

當前，有關環境惡化的全球化最可怕的問題或許是世界範圍內生物多樣性的破壞。1998年，一些美國科學家把生物多樣性的喪失認定為比全球變暖或跨國界污染更為嚴重的環境問題。現在，10個生物學家中會有7個認為，世界正處在這個星球45億年以來生物大規模滅絕速度最快的時期。根據經濟合作與發展組織最近的一項報告顯示，世界三分之二的耕地已被認定為「有些退化」，三分之一被認定為「嚴重退化」。全世界有一半的濕地已經被破壞，淡水生態系統的生物多樣性正面臨着嚴重的威脅。自1900年以來，全世界已經失去了四分之三的農作物和動物物種的遺傳多樣性。一些專家擔心，有高達50%的動植物種類將在本世紀末消失，其中大多數都在南半球。

1971–2002年全球主要環境協定

名稱	覆蓋範圍/保護	年代
《拉姆薩公約》，伊朗	濕地	1971年
《聯合國教科文組織世界遺產》，巴黎	文化與自然遺產	1972年
聯合國環境規劃署會議，斯德哥爾摩	總體環境	1972年
《瀕危野生動植物種國際貿易公約》，華盛頓特區	瀕危物種	1973年
《海洋污染公約》，倫敦	船隻造成的海洋污染	1978年
《聯合國海洋法公約》	海洋物種，污染	1982年
《維也納議定書》	臭氧層	1985年
《蒙特利爾議定書》	臭氧層	1987年
《巴塞爾公約》	有害廢物	1989年
聯合國「里約熱內盧環境峰會」	氣候變化，生物多樣性	1992年
《雅加達條例》	海洋和臨海地區的多樣性	1995年
《京都議定書》	全球變暖	1997年
《鹿特丹公約》	工業污染	1998年
約翰內斯堡世界峰會	生態的可持續性，污染	2002年

資料來源：本書作者。

　　即使人們看到這一連串糟糕的生態報告，他們也可以對不斷出現的國際環境條約和協議保持謹慎的樂觀。這些協定的各種條款旨在控制空氣和水的污染，保護瀕危物種，限制有害廢物的處理。然而不幸的是，大多數條約缺乏有效的國際強制執行機制；而

且，一些主要的環境污染者，如美國和中國，還沒有批准其中的一些重要協議。

1992年，科學家關注聯盟發佈了一個名為「警告人類」的公告，聲明全球環境正在嚴重危機中痛苦掙扎。有一千五百多位科學家在這個文件上簽名，其中包括很多諾貝爾獎獲得者。人們對我們這個星球生態極限的認識正在日益加深，但更為要緊要的問題是，這是否會轉而成為對植根於積累無限物質財富慾望中的文化結構的必要修正。對此，人們還要拭目以待。

第六章
全球化的意識形態向度

　　意識形態可以定義為這樣一個體系，它包含了廣泛共享的觀念、模式化的信仰、具有導向性的規範和價值觀以及特定人群認可為真理的理想。意識形態不僅按照世界本來的樣子，而且按照世界應該有的樣子，為個人提供了一幅比較連貫的世界圖景。這樣一來，意識形態就有助於把高度複雜的人類經驗組織成相當簡單卻經常被歪曲的形象，並以此作為社會和政治行動的指南。這些被簡化和歪曲了的思想常被用來使某些政治利益合法化，或維護佔統治地位的權力結構。為了在社會中滲透他們喜歡的規範和價值觀，意識形態主義者向公眾遞交了一個議程，它已經限定了該討論什麼、該主張什麼以及該詢問什麼。他們面對公眾講述故事和敘事，用於說服、讚揚、譴責，區別「真理」與「謬誤」，並區分「好的」與「壞的」東西。這樣，意識形態就能通過概括化的行為準則和要求來組織和確定人類活動的方向，把理論與實踐聯繫起來。

　　如所有的社會進程一樣，全球化也包含了一個意

識形態向度，充滿了關於這一現象本身的一系列規範、要求、信條和敘事。例如，全球化是一件「好」事還是一件「壞」事的問題，就在意識形態領域引發了激烈的公共討論。因此，在探討全球化的意識形態向度之前，我們應該在全球化與全球主義之間做重要的分析和區別，前者指各種評論者以不同的甚至是相互矛盾的方式來描述不斷強化的全球相互依存的社會進程，而後者則是指賦予全球化這一概念以新自由主義價值觀和意義的意識形態。

我們在第七章將會看到，對新自由主義價值觀與全球化二者之間的聯繫，各社會群體並沒有達成一致意見；相反，他們企圖賦予這一概念以不同的規範和意義。然而，迄今為止，這些群體所表達的理想並不能動搖全球主義中新自由主義話語的統治地位。後者在全世界的傳播主要依靠的是北半球強大的社會力量，這一陣容主要由集團公司的經理、大型跨國公司的主管人員、集團公司的說客、新聞記者、公共關係專家、面向大眾讀者寫作的知識分子、國家官僚及政客組成。作為全球主義的主要擁護者，這些人物使得公眾話語中充斥着理想化的形象——一個保護消費者的自由市場。

兜售全球化

2002年，美國新自由主義雜誌《商業周刊》推出

了一則關於全球化的封面報道，它包含了如下聲明：「近十年來，政界與商界的領導者企圖說服美國公眾，讓他們相信全球化的好處。」通過援引2000年4月一份關於全球化的全國民意調查結果，文章繼續報道說，大多數美國人似乎對這個問題有兩種看法：一方面，有65%的接受調查者認為，全球化對美國和世界其他各地的消費者和商業來說都是一件「好事」；另一方面，他們擔心全球化可能會使美國的就業率大幅滑坡；此外，有70%的接受調查者認為，與低收入國家簽署的自由貿易協定是美國工資下降的原因。文章的結尾對美國政界和商界的領導者發出了頗有火藥味的嚴重警告，認為對反全球主義勢力的論點不可掉以輕心。為了減少人們對這一問題不斷產生的擔憂，美國決策者應該更有效地突出全球化帶來的好處。畢竟，公眾對全球化持續的擔憂會產生嚴重的反作用，進而危害國際經濟的健康運行和「自由貿易事業」。

　　這一封面報道包含了兩條與全球化的意識形態向度相關的重要信息。第一，它公開承認了政界與商界的領導者在積極地向公眾兜售他們自己中意的全球化版本。實際上，《商業周刊》那篇文章的作者是以積極的態度來看待對全球化觀點和形象的構建的，認為它們是實現基於自由市場原則之上的全球秩序必不可少的工具。無疑，這種全球化的正面景象對公眾輿論和政治選擇具有深遠的影響。如今，為了實施具有市

圖10 微軟總裁比爾・蓋茨，世界上最有影響力的全球主義倡導者之一。

場傾向的政治議程，新自由主義決策者已不得不變成誘人的意識形態集裝箱的設計專家。鑒於商品交換構成了所有市場社會的核心活動，全球化話語本身也已經轉變成了一種特別重要的商品，專門供公眾消費。

　　第二，《商業周刊》封面報道的調查數據表明，在不斷全球化的世界中，人們的個人經歷與他們對全球化的規範性定位之間存在着認識上的明顯差異。人們該如何解釋，為何有相當一部分接受調查者擔心全球化會給他們的生活帶來經濟上的負面影響，但同時卻認為全球化是一件「好事」？顯然，問題的答案就是意識形態。全球化光彩奪目的新自由主義敘事已經在很大程度上塑造了全世界的公眾輿論，即使人們的

日常經歷呈現出的場景並不皆如它們渲染得那樣美好。

北半球富國的十幾家影響最大的雜誌、報紙及電子媒體，如《商業周刊》、《經濟學家》、《福布斯》、《華爾街日報》與《金融時報》，為讀者灌輸了眾多固定不變的帶有全球主義的主張。全球主義已經成為一些社會政治思想家所謂的「強勢話語」——一種臭名昭著的難以抵制的話語。它有強大的社會勢力支持，這種勢力預先選定了那些被認為是「真實的」東西，從而相應地來塑造世界。不斷地複述全球主義的主要主張和口號能夠產生它們所表述的東西，隨着更多新自由主義政策的執行，全球主義的主張更加牢固地深入到了公眾心裏。

在本章的餘下部分，我們將認識和分析五大意識形態主張，它們頻頻出現在有影響的全球主義倡導者的談話、演講和著作中。需要指出的是，全球主義者本人也是為了兜售他們的政治和經濟日程才形成這些主張的。或許，並沒有一段全球主義的演講或一部著作能同時涵蓋下面所討論的五個論斷，但它們至少都包含了其中的一些主張。

主張一：全球化就是市場的自由化與全球一體化

如所有意識形態一樣，全球主義從一開始也試圖建立對這一現象的來龍去脈的權威敘述。對新自由主

義者來說，這植根於自我調節的市場觀念，它是未來全球秩序的框架。如第三章所指出的，新自由主義者試圖培養公眾的意向，使他們毫無批判地把「全球化」與他們所宣揚的市場自由化的好處聯繫起來。特別值得注意的是，他們說全球市場的自由化與一體化是一種「自然」現象，能夠促進世界的個體自由和物質進步。以下是三個例子。

全球化與市場對政府的壓倒性優勢相關。不管是贊成還是反對全球化的人都一致認為，作為當今驅動力的市場正在左右政府的職能。

《商業周刊》，1999年12月13日

(政府的)的一個角色就是清道夫——為商品、服務和資本的自由流動掃清障礙。

克林頓政府的美國前副國務卿瓊·斯皮羅(Joan Spiro)

自由主義市場經濟從本質上來說是全球性的。它是人類奮鬥的最高目標。通過我們的努力和選票，無論是在集體還是個人層面，我們都已經為它的建設做出了貢獻。為此，我們應該感到自豪。

英國記者彼得·馬丁(Peter Martin)

這一主張的問題在於，全球主義的使命——市場的自由化和一體化——只有通過對市場進行行政規劃

才能得以實現。因此，全球主義者必須隨時準備利用政府的力量來削弱和消除那些限制市場的社會政策和機構。鑒於只有強有力的政府才能完成轉變當前社會結構這一野心勃勃的任務，市場自由化的成功取決於集權政府的介入和干涉。然而，這樣的行為與新自由主義理想化地對政府職能進行限制形成了強烈反差。當然，全球主義者確實期望政府在執行他們的政治日程方面扮演非常積極的角色。在20世紀八九十年代，美國、英國、澳洲和新西蘭新自由主義政府的積極參與表明了強大的政府行為在策劃自由市場方面的重要性。

而且，宣稱全球化就是市場的自由化與全球一體化，就會將一個原本偶然的政治計劃固定為「事實」。全球主義者的成功在於他們說服了公眾，讓其相信他們關於全球化新自由主義的敘事，正是對所要分析的情況的客觀的或至少是中立的判斷。誠然，新自由主義者或許確實能夠為市場的「自由化」提供某種「經驗性證據」。但是，市場原則的蔓延真的就是由於全球化與市場擴張之間存在着某種形而上的聯繫嗎？或者，它之所以發生，難道是因為全球主義者擁有政治和話語權力，從而能大致按照自己意識形態的公式來影響這個世界——自由化+市場的一體化＝全球化？

最後，這一對全球化過於經濟化的表述削減了此

現象的多維性。全球化的文化與政治向度僅作為依賴全球市場流動的從屬進程而被提及。即使相信全球化的經濟向度具有決定性作用，人們也沒有理由認為這些進程必然與撤銷對市場的管制有關。與此相反，另一個觀點則可能會把全球化與全球性監督管理結構的創建聯繫起來，這個結構會使市場對國際政治機構負責。然而對全球主義者來說，當與最具限定性的法律與機構做鬥爭時，把全球化說成是一項能解放並整合全球市場以及從政府控制下解放個人的事業，是他們獲取公眾支持的最好方式。只要能成功地向大多數人兜售他們對全球化新自由主義式的見解，他們就能維持一種有益於自己的社會秩序。對那些仍然懷疑全球主義的人來說，全球主義者還有另外一個胸有成竹的主張——為什麼要去懷疑一項帶有歷史必然性的進程呢？

主張二：全球化是必然的、不可逆轉的

全球化是歷史的必然，這一想法乍一看似乎很不適合一個基於新自由主義原則之上的意識形態。畢竟，在整個20世紀，自由主義者和保守主義者都對馬克思主義者提出了批評，因為後者的決定論主張貶抑了人的自由意志，而且忽視了非經濟因素對社會現實的影響力。然而，全球主義者依靠的也是一個相似的歷史必然性敘事，它是單一因果的和經濟主義的。根

據全球主義者的解釋，全球化反映了技術創新驅動下不可逆轉的市場力量傳播的必然性。讓我們來思考一下以下的陳述：

現在，我們必須接受全球化殘酷無情的邏輯——從我們的經濟力量、我們城市的安全到我們人民的健康，都不僅取決於我們國內發生的事情，而且也取決於半個世界以外的地方發生的事情……全球化不可逆轉。

美國前總統比爾·克林頓（Bill Clinton）

全球化是不可避免的，是冷漠無情的，它正在以越來越快的速度到來……全球化正在發生，它就要發生。不管你是否喜歡它，全球化正在發生，即將發生。

聯邦快遞公司董事長和總裁史密斯（Frederick W. Smith）

我們需要更多地解放印度經濟，撤銷對經濟的管制。沒有一個明智的印度商業家會反對這一點……全球化不可避免。沒有更好的選擇。

印度企業家拉胡爾·巴賈傑（Rahul Bajaj）

新自由主義者把全球化描寫成某種就像天氣或重力一樣的自然力量，這使得全球主義者更易於讓人們相信，想要生存和發展就必須適應市場規律。因此，宣揚全球化必然使關於全球化的公共話語變得非政治化了。新自由主義政策被說成是超越政治的，它們只

是在執行自然規律而已。這裏的寓意就是，人們並非根據一系列的選擇行事，而只是在履行世界市場的法則而已，是這些法則要求消除政府的控制。這正如英國前首相瑪格麗特·戴卓爾曾說過的，「我們別無選擇」。如果人們對經濟和技術力量的自然流動無計可施，那麼政治團體就應該默許並充分利用這一不可改變的境況。反抗將是不合乎自然規律的、非理性的，而且是危險的。

必然性的觀念也更容易說服公眾去共同承受全球化的重負，從而讓他們支持一個經常被新自由主義政客利用的托詞：「由於市場，我們才削減社會規劃。」德國前總統羅曼·赫爾佐克(Roman Herzog)通過電視呼籲全國，全球力量不可抗拒，它迫使每個人都必須做出犧牲。當然，赫爾佐克總統並沒有講明白等待大股東和公司執行官的將是怎樣的犧牲。最近的例子，如美國安然公司轟動一時的破產表明，犧牲將極有可能很不均衡地由那些工人和僱員承擔，因為新自由主義的政策會使他們失去工作或社會福利。

最後，宣稱全球化是不可避免的和無法抵制的，其根源在於一種更宏大的進化論話語，這一話語賦予某些國家以特權地位，讓它們處在從政治控制下解放市場的前沿。如第五章所討論的，樂天派的鼓吹全球化者經常把全球化當做一個委婉語來使用，它代表了世界不可逆轉的美國化。由此看來，全球主義力量似

乎復活了19世紀赫伯特·斯賓塞(Herbert Spencer)和威廉·格雷厄姆·薩姆納(William Graham Summer)之類的人們宣揚的英美先鋒主義範式，古典市場自由主義的主要因素在全球主義那裏無一不有。我們發現了西方文明、自我調節和自由競爭的經濟模式、自由企業的優勢、國家干預的缺陷、放任主義原則，以及適者生存和不可逆轉的進化過程中無情的自然法則。

主張三：沒有人對全球化負責

全球主義的決定論語言提供了另一個話語優勢。如果市場的自然法則預先規定了新自由主義的歷史進程，那麼全球化並不反映某一特定社會階級或集團任意的議程。在這種情況下，全球主義者只是在執行一種具有超驗力量的不可改變的律令。人並不對全球負責，而是市場和技術對全球化負責。人類的某些行為會加速或延緩全球化，但最後的分析證明，市場那隻看不見的手總是會表現出它高超的智慧。下面是關於這一觀點的三種表達方式：

> 左派中有很多人不喜歡全球市場，因為它在總體上體現了他們厭惡市場的原因：無人對市場負責。實際情況是，看不見的手也統治着大部分國內市場，這是一個似乎被大多數美國人看成生活事實的現實。
>
> 美國經濟學家保羅·克魯格曼(Paul Krugman)

> 有關全球化最基本的事實是這樣的：無人負責……我們都情願相信有人在負責。但現在的全球市場由「電子族群」構成，經常包括匿名的證券、債券和貨幣交易者與跨國投資者。網絡和屏幕把他們聯繫在了一起。
>
> 　　　　《紐約時報》記者，作家弗里德曼(Thomas Friedman)
>
> 全球化巨大的魅力在於沒有人控制它。其巨大的魅力在於，它不受任何個人、任何政府和任何機構的控制。
>
> 　　　　高盛公司副董事長羅伯特・霍馬茨(Robert Hormats)

　　但只有從表面意義來看，霍馬茨先生的話才是正確的。雖然並不存在由單一邪惡勢力控制的有意識的陰謀，但這並非是說沒有人對全球化負責。全球市場的自由化和一體化並非是在人類的選擇領域之外進行的。如第三章所示，全球主義者在全世界整合市場，並使市場脫離國家的幹預計劃，創造了也維持着不均衡的權力關係。美國是迄今為止世界上最強大的經濟和軍事力量，而且最大的跨國公司的總部也都在北美洲。這並不是說美國絕對控制着全球化的宏大進程，但這的確表明，在很大程度上，全球化的實質與發展方向受到了美國內外政策的影響。

　　總之，有人認為無人領導全球化進程，這一說法並沒有反映當今世界的現實；相反，這一說法為維護和擴張北半球國家利益的政治議程服務，同時，也保護與它聯合的南半球的精英力量。如歷史必然性的言

論一樣，無人負責的觀念企圖使關於這一話題的公共討論非政治化，從而解散反全球主義運動。一旦大部分人接受了這種全球主義的形象，即它是一種自我運行、自我調節的力量，要組織反抗運動就會變得相當困難。當普通民眾不再相信有選擇另一種社會格局的可能性時，全球主義將具有更大的能力來建構被動的消費者身份。

主張四：全球化對每個人都有益處

這一主張是全球主義的核心內容，因為它為應該把全球化看成是「好」事還是「壞」事這一關鍵的規範性問題提供了一個肯定的答案。全球主義者經常把他們的論點與所謂的市場自由化帶來的好處聯繫起來：全球生活水平的不斷提高、高效能的經濟、個人自由以及史無前例的技術進步。下面就是幾個這類的說法：

> 幾乎毫無疑問，總的來說，全球金融的顯著變革有利於促進世界經濟結構的重大改善和生活水平的顯著提高……
>
> 美國聯邦儲備委員會主席格林斯潘（Alan Greenspan）
>
> 全球化的效果非常好。在前所未有的自由化的刺激下，世界貿易繼續增長的速度超過了全球經濟總產出增長的速度，使得生產力和效率飛速提高，創造了百萬個工作機會。
>
> 英國石油公司董事長彼得·薩瑟蘭（Peter Sutherland）

> 我們正處於這個世界最讓人歡欣鼓舞的時代：國家間的壁壘正在減少；經濟自由主義無疑正受到廣泛關注，而且非常有效；貿易和投資在飛速增長；國家間的收入差距正在縮小；財富的生產創歷史紀錄新高——而且我相信這種情況可能會繼續下去。
>
> 聯合技術公司首席執行官喬治・戴維(George David)

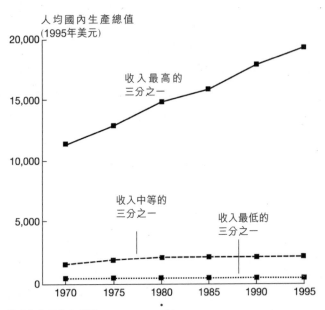

窮國與富國收入懸殊，1970—1995年。

資料來源：世界銀行，《1999/2000年世界發展報告》。

然而，戴維先生絕沒有表明他這番話背後的意識形態假定。「我們」確切地說是指誰？誰「證明了」

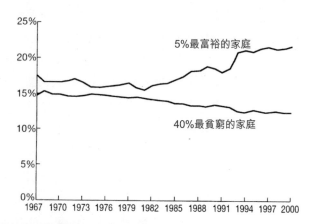

家庭收入在美國總收入中所佔的份額，1967—2000年。

資料來源：美國統計局，www.census.gov。

新自由主義非常「有效」？「有效」是什麼意思？然而，實際上存在着與此相反的確鑿證據。市場過度控制社會和政治將導致的後果是：全球化的機遇與回報並不均衡，它以犧牲大眾為代價把權力與財富集中在了一小部分人、地區和公司的手裏。即使是來自世界銀行的數據也表明，近來，國家間的收入差距實際上正在以史無前例的速度擴大。

《聯合國人類發展報告》1999年和2000年版的數據表明，在1973年全球化開始之前，最富國與最窮國的收入比率大約是44：1。25年後，這一比率增長到74：1。冷戰結束後的這段時期，生活在國際貧困線以下的人數從1987年的12億增長到了現在的15億。如果

當前的趨勢繼續下去，到2015年，這一數字將會達到19億。這意味着，21世紀伊始，人類最底層有25%的人每年依靠不足一百四十美元維持生存。與此同時，1994到1998年，世界上200個最富的人的資本淨值翻了一番，超過了一萬億美元。世界上三大億萬富翁的資產超過了所有不發達國家及其6億人國民生產總值的總和。

即使在世界上最富有的國家內部，也同樣能看到日益加劇的不平等趨勢。例如，我們可以看看美國日益擴大的收入差距（見上圖）。

美國政治行動委員會的數量從1974年的400個上升到了2000年的9000個。為了繼續維持新自由主義路線，這些集團的說客成功地給國會和總統施加了壓力。超過三分之一的美國勞動力，即4700萬工人，每小時工資不足十美元，與1973年相比，每年要多工作160個小時。全球主義者經常用美國20世紀90年代的低失業率來證明全球化帶來的經濟利益，其實這背後掩蓋的是低工資和數以百萬計的臨時工人，這些臨時工人無法得到全天的工作崗位，每周最低工作時間只要達到21小時，就被登記為在業。與此同時，大公司首席執行官的平均薪水卻在大幅度提高。2000年，它比普通工人工資高416倍。1%的最上層美國家庭的財富超過了佔總數95%的底層家庭的財富總和，這反映了過去20年來的巨大變化。

全球互聯網用戶佔地區人口的百分比，1998—2000年

國家	1998年	2000年
美國	26.3	54.3
高收入的OECD成員國（美國除外）	6.9	28.2
拉丁美洲和加勒比海地區	0.8	3.2
東亞和太平洋地區	0.5	2.3
東歐和CIS	0.8	3.9
阿拉伯國家	0.2	0.6
撒哈拉沙漠以南的非洲	0.1	0.4
南亞	0.04	0.4
世界	2.4	6.793

資料來源：《2001年聯合國人類發展報告》。
（OECD：經濟合作與發展組織；CIS：獨聯體）

　　另外，還有很多跡象證明，追求全球利潤實際上使窮人更難以享受到科技創新帶來的好處。例如，到處都有證據表明，有一個日益擴大的「數字分水嶺」把北半球與南半球分開了。

　　關於全球公共醫療衛生服務不斷加大的差距，來看看英國廣播公司2000年10月31日的新聞報道：

> 美國的一些科學家最近警告公眾，現在，就防止非洲撒哈拉沙漠以南地區寄生蟲疾病的蔓延來說，經濟全球化可能成為其最大的威脅。他們指出，總部在美國的一些製藥公司正在停產許多抗寄生蟲的藥物，因為發展中國家買不起

這些藥物。即使世界上超過兩億人仍患有血吸蟲病(一種嚴重損害肝臟的寄生蟲疾病)，由於利潤的下降，治療血吸蟲病的藥物在美國一家製藥廠已被停產。另一種抗肝吸蟲病損害的藥物自1979年就已停產，因為南半球的「消費基礎」沒有足夠的「購買力」。

　　少數幾位承認全球不平等分配模式的全球主義者通常堅信，市場本身最終會糾正這些「不均衡」。他們堅持認為，在短期內，「插曲式的錯位」是必然的，但它們最終會被全球生產力的巨大飛躍所取代。實際上，有一官方說法認為全球化有益於所有人，對這一官方說法不完全認同的全球主義者，必須承擔他們的批評所帶來的後果。因為公開批評他所在機構的新自由主義經濟政策，曾獲諾貝爾獎的世界銀行前任首席經濟學家約瑟夫·斯蒂格利茨(Joseph Stiglitz)受到了猛烈攻擊。他認為，世界銀行和國際貨幣基金組織強加於發展中國家的結構調整項目經常帶來了災難性的後果。他還指出，「市場理論家」曾利用1997—1998年亞洲金融危機來減弱國家干涉的可信度，從而在更大程度上促進了市場的自由化。1999年底，斯蒂格利茨因壓力過大而辭職。五個月後，他與世界銀行的顧問合同也被終止。

主張五：全球化促進民主在全世界傳播

全球主義的這個主張來自一個新自由主義的設想——自由市場與民主同義。在公共話語中，這兩個概念不斷被確認為「常識」，常常無人質疑它們之間是否真的一致。這裏有三個例子：

由全球化帶來的經濟發展，有利於以強大的中產階級為主體的複雜市民社會的產生。這一階級和社會結構會促進民主的發展。

> 霍普金斯大學教授福山（Hillary Rodham Clinton）

在前共產主義國家裏，新企業和購物中心的出現應該被看做民主的中堅。

> 美國紐約州議員希拉里·羅德姆·克林頓

「電子族群」將從總體上加強民主化，這一點有三個重要的原因：靈活性、合法性以及可持續性。

> 《紐約時報》記者，獲獎作家托馬斯·弗里德曼

這些觀點取決於民主的觀念，它強調正式程序，如在經濟和政治決策中以犧牲大多數人的直接參與為代價的選舉。對民主的這種「空洞膚淺」的定義，反映了一種低強度的或「形式上的」市場民主，這種民主以精英主義的組織化模式為特徵。實際上，把一些

民主因素嫁接到普遍獨裁的結構上，可以保證被選中的人免受來自大眾的壓力，從而實現「有效」的管理。因此，斷言全球化會促進民主在全世界的傳播，從很大程度上來說，是基於對民主的一種膚淺的理解。

而且，這一主張也必須面對許多與此相反的證據。讓我們來看一則轉引自《芝加哥論壇報》的報道，它是由「新經濟信息服務」[2]發佈的。這表明，在競爭美國出口市場和美國對外投資的時候，民主國家並不佔優勢。

1989年，在美國從南半球進口的所有商品中，民主國家的商品佔到了一半以上。10年後，可以選擇的民主國家更多了，但在美國從發展中國家進口的商品中，由民主國家提供的還不到三分之一；而且這一趨勢還在不斷增強。隨着世界上更多的國家選擇民主政體，更多的美國企業似乎更喜歡其他政體。這些發現提出了這樣一個重要的問題：在實際上，美國公司對外採購和投資的決策是否破壞了脆弱的民主的生存機會？為什麼北半球富國實力雄厚的投資者會做出這些企業決策？這首先是因為，那些國家的工資比民主國家的工資要低一些，這使得前者的企業在出口商品時獲得了貨幣優勢。另外，低工資、工會禁令以及寬鬆的環境法有利於那些國家吸引外資。

2　一家非盈利性組織(民主教育基金會)的一個服務項目，提供全球化和技術變革對民主的影響的信息和評論。

結論

　　對全球主義五大主張批判性的研究表明，新自由主義關於全球化的說法從下面這個意義上說是與意識形態相關的，即它帶有政治動機，有助於建構全球化的特定含義，借此保留和穩定現存的不均衡的權力關係。但是，全球主義意識形態的影響範圍並沒有局限於狹隘地為公眾解釋全球化的意義。全球主義由強大的敘事組成，它們兜售一個包羅萬象的新自由主義的世界觀，從而創造出具有集體性質的意義，並且塑造了人們的身份。

　　然而，無論是從西雅圖到熱那亞的大規模的反全球主義抗議，還是「阿爾蓋達」組織於2001年9月11日發動的恐怖襲擊，都表明全球主義這一意識形態的擴張遇到了眾多的抵抗。在下一章我們將會看到，21世紀的第一個10年似乎正迅速成為一個戰場，關於全球化意義和走向的觀點，在這裏針鋒相對。

第七章
全球主義面臨的挑戰

作為我們這個時代主導性的意識形態，全球主義對於全球化的新自由主義認識已經牢固地銘刻了在全世界很多人的心裏；強大的政治機構和經濟團體轉而又在進一步維持並確認着這一認識。然而，從沒有哪種意識形態具有絕對的控制優勢。人們的切身經驗與意識形態主張之間存在的差距，可能會給主導性的模式帶來危機。這時，持不同見解的社會團體就會感覺到比較容易向公眾傳達它們的思想、信念和行為實踐。

20世紀行將結束之時，在關於全球化的公共話語中，反全球主義的觀點開始受到了更多的關注；這一過程之所以產生，是由於人們更加清醒地意識到，公司貪婪的利潤策略正在導致全球財富與福利差距日益擴大。1999到2001年間，在全世界許多城市，全球主義與其意識形態挑戰者的鬥爭以街頭衝突的形式爆發，最後發展成為一場史無前例的針對美國的恐怖主義襲擊，導致三千多人死亡。這些反全球主義的力量是什麼呢？

兩大反全球主義陣營

　　這些不同的社會力量共有的一個信念就是，它們必須保護自己和相關各方不受全球化帶來的消極後果的影響。從這個方面來說，他們都是某種「保護主義者」。然而最重要的是，我們必須記住反全球主義者追求的目標十分寬泛，他們發展政治議程的手段各不相同。例如，在估量全球化的形成特點、原因以及什麼才可以被準確地歸為「消極後果」的時候，他們之間存在着廣泛的分歧。即使會顯得過於簡單化，我仍然建議把反全球主義的團體劃分為兩大意識形態陣營；在此基礎上，還可以根據另外的標準再進一步將其細分。

　　在美國，帕特里克·布坎南（Patrick Buchanan）和佩羅（H.Ross Perot）是堅持特定論保護主義立場的兩個主要代表。在歐洲，民族主義政黨（如約爾格·海德爾（Jörg Haider）領導下的奧地利自由黨、讓–馬里·勒龐（Jean-Marie Le Pen）領導下的法國民族陣線和格哈德·弗雷（Gerhard Frey）領導下的德國人民聯盟）都表示反對「美式的全球化」。在南半球，人們可以發現類似的態度，如奧薩瑪·本·拉登對伊斯蘭教義的偏激理解，或者烏戈·查韋斯（Hugo Chávez）總統委內瑞拉式的民粹主義。讓我們再次記住，我們不僅要在這些團體的政治進程方面，而且還要按照它們反全球化鬥爭的手段——從恐怖襲擊到非暴力的議會式方法——對它們加以區別。

特定論保護主義

特定論保護主義者是這樣一些人：他們譴責全球化給本國或本地區的經濟、政治及文化所帶來的麻煩。特定論保護主義者感覺到古老社會模式正面臨逐漸消失的危險，他們譴責自由貿易、全球投資者的力量、跨國公司的新自由主義日程以及世界的美國化，並認為是這些導致了生活水平的下降和(或)道德滑坡。由於擔心失去民族自決權和自己的文化遭到毀滅，他們發誓要保護傳統的生活方式，使其不受那些「外來因素」的影響——他們認為是這些因素釋放了全球化的力量。相對於如何建設一個全球性的更加公平合理的國際秩序而言，特定論保護主義者更加關心本國公民的福利。

在美國，消費者保護人拉爾夫·納德(Ralph Nalder)嶄露頭角，成為了普世論保護主義者的主要代表人物。在歐洲，已成立的綠色團體的代言人早就指出，毫無節制的新自由主義的全球化已經導致了全球環境的嚴重惡化。歐洲和美國的無政府主義者也贊成這一觀點，但是，與納德和綠色人士不同，他們為達到目標，情願有選擇性地使用一些暴力手段。在南半球，反新自由主義的民主大眾運動代表了普世論保護主義者的觀點，如墨西哥的薩帕塔運動、印度的抱樹運動和海地總統讓–貝特朗·阿里斯蒂德(Jean-Betrans Aristide)領導的窮人運動都是如此。其中一些團體已經和反全球主義的國際非政府組織建立了密切的聯繫。

普世論保護主義

在致力於創建更加公平合理的南北半球關係的進步政黨那裏，人們能夠發現普世論保護主義者；此外，還包括數量日益增多的非政府組織和跨國網絡，它們關注環境保護、公平貿易、國際勞工問題、人權及婦女問題。這些團體挑戰了上一章所討論的那些全球主義的重要主張，並提出要建立一種基於全球財富與權力再分配之上的國際新秩序。普世論保護主義者宣稱指導他們思想的是，他們不僅要為本國公民，而且要為全世界人民爭取社會正義與公平。他們指責奉行全球主義的精英所推行的政策，因為它們導致了更大程度上的全球不平等、高失業率、環境惡化以及社會福利的消失。他們呼籲一個「來自下層的全球化」，它對被邊緣化的人和窮人有利，企圖保護全世界的普通人免受新自由主義的「來自上層的全球化」的傷害。

在討論近幾年主要的反全球主義活動之前，我們先來詳細地看一下這兩大反全球主義陣營最引人注目的代言人。

特定論保護主義者

從20世紀60年代早期開始，帕特里克·J·布坎南就與美國共和黨的右翼聯繫在了一起。他把自己看做一個富有愛國主義精神的保護者，保護「辛勤的美國人」，反對公司精英、近來的移民、福利接受者以及

享受「特權」的少數族裔。近年來，美國民族主義組織的數量陡然上升，他們反全球主義的言辭甚至比布坎南的民族主義更加極端。一些如約翰·伯奇協會、基督教聯盟、自由游說團以及所謂的愛國和民兵運動之類的團體深信，全球化是美國許多社會問題的根源。他們覺得全球化在吞噬自己的國家，是一種異己的邪惡的意識形態，他們擔心跨國勢力正在無情地銷蝕着「美國的傳統生活方式」。

就自由貿易和移民問題與共和黨高層產生嚴重分歧之後，布坎南在2000年脫離了共和黨，成為民粹改革黨的總統候選人。在其暢銷書和激烈的競選演講中，他把自己的反全球化立場說成是「經濟民族主義」——按照為狹隘的民族利益服務的方式來設計經濟。他經常這樣來表達自己的信念：在當代美國社會的核心，美國民族主義的要求與全球經濟控制之間存在着難以抑制的衝突。布坎南認為，美國大多數主流政客都受制於跨國公司的利益，這些利益支持由國際貿易組織和其他國際機構牽頭的全球管理結構，正在損害着美國的國家主權。同時，他也指責「倡導多元文化主義的自由主義者」為百萬移民打開了國門，而這些移民正是造成美國經濟和道德衰退的原因。

歐洲特定論保護主義者就經濟民族主義發表的講話也愈發激烈，這使他們更容易激發公眾對全球化帶來的經濟和文化後果的焦慮。他們的目標是國際銀行

圖11　帕特里克·J·布坎南。

家、貨幣交易者、「自由資本」、跨國公司以及布魯塞爾的歐盟管理機構。從西班牙到俄羅斯的右翼黨派都把全球化看成是對國家主權和自決權的最大威脅，都在全力倡導保護主義的措施和重新調整國際金融市場。

當反全球主義的言談與所謂的「外國人問題」合為一體時，它似乎成了一種特別有效的武器。許多年來，在奧地利、德國和歐洲其他國家，移民、客籍勞工以及總體上的「過度異國化」問題已經成為了觸發公眾怨恨的催化劑，因為外國人很容易被人看成是威脅僑居國文化傳承和文化身份的替罪羊。仇外通常與成功地妖魔化全球化密切相關。認為全球化是必然

的、不可逆轉的這種全球主義的主張，經常遭到依照特定論保護主義主題組織起來的政黨的攻擊。附和着布坎南的措辭，它們呼籲強勢政治領導人的出現，以中斷新自由主義這一主宰世界的力量。這些黨派中的大多數人都預見，會出現一個由歐洲主權國家組成的「歐洲堡壘」，這些國家會維護本地區的政治、經濟和文化獨立。

北半球特定論保護主義的興起是對新自由主義全球化帶來的經濟困頓和文化混亂的權威性反應。「全球化的受害者」包括產業工人、小企業主和小農場主，這些人對穩固界限與熟悉秩序的解體感到非常焦慮。他們的政治代表向公眾表達了一個願望，即希望建立一個文化統一、道德穩固及具有民族優越感的真實世界或想像世界。

奧薩瑪·本·拉登激進的伊斯蘭教義也帶有一種家長式的等級制風格。本·拉登表現出具有超凡魅力的領導者和無畏的信仰捍衛者的形象，其宗教激進思想激發他與被自己看做是異己的邪惡勢力做鬥爭。在阿拉伯世界，人們通常把全球化與美國的經濟和文化統治聯繫在一起。如第一章所指出的，像本·拉登的「阿爾蓋達」恐怖網絡這樣的宗教組織增強了一種共同的感覺，即西方的現代化不但沒有結束本地區的普遍貧困，反而還加劇了他們自己社會的政治不穩定，強化了世俗化的傾向。

宗教激進主義的出現，通常是人們對自由主義或世俗世界物質侵襲的反應。本·拉登和他的追隨者吸收了18世紀神學家穆罕默德·伊本·阿布德·瓦哈卜（Muhammad ibn Abd al-Wahhab）廣泛傳播的宗教復興運動思想，企圖以任何必要的方式，讓穆斯林世界回歸到一個「純粹」和「本真」的伊斯蘭世界。他們的敵人不僅是以美國為首的全球化勢力，而且還包括國內那些接受了外來的現代性影響力並將其強加給伊斯蘭民族的團體。奧薩瑪·本·拉登及其「阿爾蓋達」組織追隨者的恐怖主義的方式可能與伊斯蘭教的基本教義相矛盾，但他們反全球化的鬥爭卻在特定論保護主義的價值觀和信念裏找到了意識形態上的支持。

普世論保護主義者

拉爾夫·納德是美國普世論保護主義陣營的主要代表，他以對公司全球化犀利的批判而久負盛譽。截至20世紀90年代，已有超過十五萬人踴躍加入了他的六大非盈利性組織。其中之一的全球貿易觀察已經成為了一家主要的反全球主義的監督機構，它監視國際貨幣基金組織、世界銀行及國際貿易組織的活動。1996年和2000年，在作為綠黨候選人參加總統競選期間，納德以民主原則的保護者自居，反對全球主義的新自由主義勢力。然而，與布坎南的民族主義版本不同，納德的保護主義並不會激發起民眾怨恨少數族

裔、近來的移民或者福利接受者的怒火。事實上，他的思想總是歸結到這樣一點，即必須在國際上聯合平等主義勢力來反對全球主義。他還強調，消除貧困以及保護環境已成為迫在眉睫的道德問題，它應該超越國家或地區有限的領土框架。

納德拒絕接受全球主義者的主張，即全球化等於市場的自由化和一體化，而且前者對後者的促動是必然的、不可逆轉的。在他看來，成功挑戰全球化是可能的，但這需要發動一場跨越國界的非暴力抵抗運動。這位綠黨候選人並不強調強勢政治領導者的中心作用，而是喚起了人們對世界上非暴力社會正義運動的記憶。在這些運動中，普通大眾為戰勝猝然糾集在一起的反民主力量而並肩作戰。

拉爾夫·納德在美國的組織網絡是新興的國際非政府組織全球網絡的一部分，這些組織的成員相信，草根階層能夠改變當前全球化的新自由主義進程。現在，世界各地有成千上萬個這樣的組織。有些僅由少量積極分子組成，而另外一些的成員會多一些。例如，第三世界網絡就是一個非盈利性的國際組織網絡，其總部設在馬來西亞，在五大洲都有地區辦事處。它的目標是研究與南半球有關的發展問題，為國際會議的反全球主義視角提供一個平台。全球化國際論壇是一個全球性的聯盟，由活動家、學者、經濟學家、研究人員及作家組成，他們以普世論保護主義

的方式發起活動以回應全球主義。此外，跨國婦女網絡從世界各國吸納婦女團體，發展公共政策計劃，其中具有代表性的是那些與婦女權利有關的建議。事實上，鑑於新自由主義的結構調整項目的很多受害者都是南半球的婦女，目睹這些組織的快速發展也就不足為奇了。

在興起之初，所有這些普世論保護主義的網絡都不過是看上去並不起眼的小團體，由志同道合的人組成。很多這類組織都從發展中國家反全球化的鬥爭特別是墨西哥的薩帕塔起義中汲取了理論和實踐方面的重要教訓。1994年1月1日，北美自由貿易協定生效的那天，一小隊自稱薩帕塔民族解放軍的反叛者佔領了墨西哥東南恰帕斯地區的四個城市。隨後幾年，薩帕塔運動與墨西哥軍隊和警察進行過幾次小規模的戰爭，繼續抗議實施北美自由貿易協定以及其領導人馬喬什副總司令所謂的「旨在消除那些對強權者無用的大眾的全球經濟進程」。此外，薩帕塔運動還提出了一個全面的反全球主義綱領，決心逆轉新自由主義市場政策帶來的破壞性後果。雖然薩帕塔運動的參與者堅持說他們的鬥爭大都與恢復墨西哥土著和窮人的政治和經濟利益相關，但同時，他們也強調必須在全球範圍內開展反新自由主義的鬥爭。

不管是在特定論者還是在普世論者的陣營裏，反全球主義的保護主義者的策略都是從言論和行動上挑

戰全球主義。在20世紀90年代的大部分時間裏，相對於佔支配地位的新自由主義模式來說，這種反全球主義的努力看上去似乎無濟於事。然而近幾年來，全球主義還是不斷受到了來自兩個陣營的反對者的攻擊。

從西雅圖反世界貿易組織的抗議到對世界貿易中心和五角大樓的恐怖主義襲擊

1999年6月18日，有跡象清楚地表明，在全球主義與它的挑戰者勢力之間，一場大規模的衝突即將來臨；當時，各種勞工團體、人權團體和環境團體組織了一個叫做「6‧18」的國際性抗議活動——此時正值八國集團在德國科隆舉行經濟峰會。北美洲和歐洲的城市金融區遭到了經過精密籌劃的直接行動的衝擊，包括大規模的街頭抗議以及由黑客高手為破壞大型公司計算機系統而發動的一萬多次「網絡攻擊」。在倫敦，2000名抗議者的遊行轉變為暴力活動，幾十人受傷，財產損失慘重。

六個月後，有四五萬人參加了西雅圖的反世界貿易組織的抗議活動。雖然參加抗議者主要來自北美洲，但也有相當一部分人來自其他國家。若澤‧博韋(José Bové)這樣的激進分子——他是法國的牧羊農場主，因破壞一家麥當勞快餐店而成為了國際知名人物——與印度農民及菲律賓農民運動的領袖並肩遊行。這個東拼西湊起來的反全球主義聯盟包括消費者

圖12　拉爾夫・納德。

激進分子、勞工激進分子(包括為抗議血汗工廠而遊行
的學生)、環境保護主義者、動物權利激進分子、擁護
解除第三世界債務的人、女權主義者及人權辯護者,
它清楚地表達了普世論保護主義者所關心的事情。聲
勢浩大的這群人代表了七百多家組織和團體,他們對
世界貿易組織在農業、多邊投資及知識產權方面的新
自由主義立場提出了批評。

　　然而,與這些團體共同前進的,還有一些代表特
定論保護主義觀點的人。例如,帕特里克・布坎南曾
呼籲他的支持者加入抵制世界貿易組織的反全球主義

事業。與此類似，那些堅持己見的新法西斯主義士兵，如總部位於伊利諾伊州的「世界造物主教會」的創始人馬特‧黑爾（Matt Hale），則鼓勵他們的追隨者來西雅圖「破壞敵人機器的齒輪」。我們仍可以肯定地說，大多數彙集在西雅圖的示威者都對自由市場資本主義與公司全球化提出了普世論式的批評。他們傳達的主要信息是，世界貿易組織制定的全球規則以犧牲發展中國家、窮人、環境、工人及消費者為代價來支持公司利益，這太過分了。

會議開始那天，大群示威者阻礙了市中心的交通。他們手拉手，設法擋住進入會議中心的主入場口。許多曾受過非暴力抵抗方法訓練的示威者要求封鎖重要的路口和入口，藉以使國際貿易組織會議無法舉行。當幾百個會議代表一路匆忙進入會場時，西雅圖警察開始加緊清理道路。很快，他們向人群——包括那些安靜地坐在人行道和路面上的人群發射了催淚瓦斯。幾個小時後，西雅圖警察看到並未成功達到目的，便使用了警棍、橡皮子彈、胡椒水噴劑以對付其餘的示威者。一些警官甚至用手指把胡椒水噴劑灌進受害者的眼睛裏，以及用腳踢非暴力抗議者的腹部。警察一共逮捕了六百多人。值得注意的是，對其中五百多人的指控最終被撤銷。實際上接受審理的只有14個案件，最終有10人認罪，2人被判無罪，只有2人被判有罪。

當然，大約有二百人拒絕保證自己只會採取非暴力的直接行動，他們以砸店面和翻倒垃圾箱為樂。這些年輕抗議者大都是「黑色集團」的成員——一個總部位於俄勒岡州的無政府組織，從意識形態上反對自由市場資本主義和國家集權。頭戴黑色頭巾，腳登長統靴，「黑色集團」的成員搗毀了那些被認為從事了殘酷商業活動的商店。例如，他們放了嘉信理財公司一馬，卻砸毀了富達投資公司的窗戶，因為它在「西方石油」——一家應為暴力打擊哥倫比亞土著負主要責任的石油公司——擁有高額投資。他們行動起來反對星巴克咖啡，因為這家公司並不支持公平的咖啡貿易；但他們並不反對塔利茲咖啡。他們沒動娛樂設備公司，卻給蓋普服裝店造成了損失，因為這家公司嚴重依賴亞洲的血汗工廠。

　　會議中心的談判磋商也沒能夠順利進行。導致會議開幕延遲的諸多不利因素已經讓世界貿易組織的代表們疲於應付，而他們很快又因國際勞工和環境標準之類的重要問題陷入了僵局——很多來自南半球國家的代表拒絕支持這樣一個由經濟大國私下裏起草的議程。在會場內外兩種抗議的夾攻下，官員們企圖使事態恢復正常。克林頓總統一方面強調自由貿易和全球化的「好處」，但同時也不得不承認世界貿易組織需要實行「一些內部改革」。最後，西雅圖會議並沒有達成實質性協議。

具有諷刺意味的是，西雅圖之戰證明了，全球主義者為之雀躍歡呼的許多新技術既代表了全球化，也可以為反全球化勢力及其政治議程服務。例如，互聯網使得西雅圖事件的組織者能夠安排新形式的抗議活動，比如在全球許多個城市同時進行一系列示威活動。全世界的個人及團體可以利用互聯網快速和便捷地吸納新成員、確定聚會的日期、共享經歷、安排後勤事宜，以及確定和宣傳作戰目標——而在15年前，這些活動需要花費更多的時間和金錢。其他新技術(如手提電話)不僅讓示威者能自始至終保持密切的聯繫，而且能快速有效地應對警察不斷變換的戰術。即使沒有指揮中心、明確的領導層、龐大的官僚機構及大量的資金來源，隨着安排和協調抗議活動能力的提高，街頭示威活動在本質上煥然一新。

在西雅圖反世界貿易組織抗議活動後的幾個月裏，世界各地接連不斷地發生了幾場反新自由主義全球化的大規模示威活動。下面是其中的一些事件：

華盛頓特區，2000年4月
一萬五千至三萬名來自世界各地的反全球主義積極分子，試圖迫使國際貨幣基金組織和世界銀行每半年一次的會議無法舉行。雖然多數抗議者並沒有暴力行為，但還是有1300人被捕。

布拉格，2000年9月

大約有一萬名抗議者企圖破壞貨幣基金組織和世界銀行的年會。在一些遊行者與警察發生衝突受傷後，街頭示威活動轉變為暴力活動，有400人被捕。

達沃斯，2001年1月

反全球主義勢力突然襲擊了在瑞士山區度假勝地舉行的世界經濟論壇年會。這被認為是自二戰以來發生在本國的最大的一次安全行動，有成千上萬的警察和部隊機構處於高度戒備的狀態。警察與示威者的巷戰致使幾十人受傷，幾百人被捕。殘暴對待和平抗議者的這一行徑遭到了來自瑞士國內外的強烈批評。

魁北克市，2001年4月

有三萬多名反全球主義的抗議者在美洲國家首腦會議召開遊行。警察與一些示威者發生了激烈的街頭衝突。有四百多人被捕。

倫敦，2001年5月

成千上萬的反全球主義者在倫敦的主要購物區遊行。全副武裝的警察部隊與和平的示威者都盡力避免發生嚴重衝突。

哥德堡，2001年6月

在瑞典舉行的歐盟峰會上，成千上萬人舉行了反全球主義的示威活動。和平的遊行轉變為暴力事件，3名抗議者中彈身亡。城裏的購物街遭到嚴重破壞。大約有五百人被捕。

　　在很短的時間內，當三架被劫持的商業客機接連撞擊了紐約世界貿易中心和華盛頓特區國防部五角大樓時，人們正在籌備着類似的大規模示威活動，以反對2001年9月11日舉行的國際貨幣基金組織和世界銀行的秋季會議。在劫機分子到達其預定目標之前，第四架飛機在賓夕法尼亞州墜毀。不到兩個小時的時間裏，有三千多名無辜者喪生，其中包括上千名勇敢的紐約警察和消防員，他們被困在世界貿易中心正在坍塌的大廈裏。

　　在襲擊發生後的幾個星期裏，一切都已水落石出：早在幾年前，「阿爾蓋達」組織的恐怖主義網絡就已着手策劃這次行動了。在隨後幾個月出現的幾盤錄像帶裏，奧薩瑪·本·拉登清楚無疑地表明，就是他的組織製造了這些殘忍的暴行，而這都是為了回應全球化的各種表現：美國在全球的軍事擴張特別是在沙特阿拉伯的軍事基地，1991年海灣戰爭的國際化，不斷升級的巴以衝突，現代世界的「異教信仰」，長達80年的「國際異教徒」對「伊斯蘭國家」進行「百般羞辱」的歷史。通過把世界人口劃分為「那些求助

圖13　1999年11月30日，警察使用催淚氣體擊退西雅圖市區的反世界貿易組織的抗議者。

圖14　燃燒中的世界貿易中心雙子大廈，2001年9月11日倒塌前片刻。

於真主的人」與「那些拒絕服從真主宗教的人」，奧薩瑪‧本‧拉登對以美國為首的「國際異教徒」宣戰，以最極端的形式體現了特定論保護主義的衝動。

毫無疑問，對有關全球化的意義及其發展方向的爭論來說，2001年的「九一一事件」帶來的是未曾預料到的震動。如美國總統喬治‧布殊在襲擊發生九天後對國會的電視講話中所解釋的，打擊恐怖主義的戰爭一定是曠日持久的，會波及全球。反恐戰爭會帶來更為廣泛的國際合作和相互依存的形式嗎？抑或它會阻礙全球化強勁的發展勢頭？2003年春，反恐戰爭延伸至伊拉克，可見促進全球合作的前景似乎確實並不美妙。當英美軍隊陷入了曠日持久、消耗巨大的游擊戰爭的泥潭之中難以自拔時，全球化的黑暗面——日益加劇的文化衝突和日漸突出的經濟不平衡現象——似乎正在佔據上風。讓我們轉向本書的結論部分，來簡要地推測一下全球化的未來。

第八章
對全球化未來的估量

　　僅靠開展一場「反恐戰爭」就能停止或減緩像全球化這樣強大的一組社會進程，乍一想，這似乎令人難以置信。然而，現在已經出現了一些早期的警示性跡象。全世界主要的海港和機場已經實施了更為嚴格的國界控制和安全措施，這給旅行和國際貿易帶來了更多的麻煩。在公共話語中，要求嚴控國界和保持涇渭分明的文化分界的呼聲越來越高。世界各地到處展現着鬥狠好勇的愛國主義情緒。

　　細察現代史，我們不難發現，大規模的暴力衝突能阻止甚至逆轉全球化先前的趨勢。如我們在第二章所指出的，1860至1914年這段時期構成了全球化的「黃金時代」，其特點是交通和通訊網絡的前所未有的發展，國際貿易的快速增長以及資本的巨額流動。但全球化在性質上是資本主義和帝國主義的，它從被殖民的南半球轉移資源以換取歐洲的產品。英國作為世界上首屈一指的超級大國，其政治制度和文化觀念已傳遍全球。然而，在大英帝國的保護下，不遺餘力地推行一個單一的全球市場，這種做法卻導致了嚴重

的反全球化逆流，並最終引起了第一次世界大戰的爆發。

　　在一項有關這一主題的重要研究中，已故的政治經濟學家卡爾·波蘭尼（Karl Polanyi）認為，20世紀前半期支配世界的社會危機的根源在於那些企圖使市場自由化與全球化的拙劣構想。通過一條能有效分割經濟活動與社會關係的無情的市場邏輯，商業利益逐漸控制了社會。自由市場原則摧毀了彼此負責的社會綜合關係，也破壞了公共的價值觀念，如公民義務、互惠及再分配。許多人在突然發現他們缺乏一個適當的社會安全和公共支持體系的時候，便為保護自己採取了激進措施來反對市場全球化。波拉尼指出，歐洲反全球主義運動最終在國家層面上產生了強行通過保護性社會立法的政黨。第一次世界大戰後，經過一場曠日持久的嚴重經濟混亂，特定論保護主義的衝動最極端的表現就是意大利法西斯主義和德國民族社會主義。最終，奉行自由主義的全球主義者試圖要全世界都服從自由市場的要求，這一夢想激發了一場同樣極端的反抗運動——這場反抗運動使得市場變成了極權國家的附屬物。

　　顯然，波拉尼的分析適用於當下的狀況。當今這個版本的全球主義像它19世紀的前身一樣，也代表了一次規模宏大的實驗，即在全世界範圍內發動消費文化和撤銷對經濟的管制。但如我們在前一章中所看到

的，新自由主義全球化的興起並非沒有遇到挑戰。21世紀的反全球主義力量——特別是在特定論保護主義的強烈表現方面——似乎能夠吸引那些對全球化憤怒不滿的數以百萬計的受害者，他們情願採取暴力手段以達到政治目的。因此，不難想像，在這場美國政府及其聯盟對全世界越來越多的恐怖組織及其支持者的討伐戰爭中，「阿爾蓋達」組織對世界貿易中心和五角大樓的襲擊不過是日益擴大的全球戰爭的一個開端而已。這一可怕的對抗性反應可能會減緩全球化的速度。

另一方面，繼續遏制這股強烈的特定論保護主義勢力，實際上也可能會加強國際間的合作，並有助於形成新的全球聯盟。為了消除恐怖主義的主要社會根源，北半球國家可能會願意以實質性的改革日程來取代佔主導地位的新自由主義的全球化，這一日程意在縮減現存的全球貧富和福利差距。不幸的是，雖然許多全球主義者信誓旦旦地要為他們掠奪式的全球化裝上一張「人性化的面孔」，但他們並未突破自身的團體議程這一參照標準。他們提出的「改革」，如果確實有所實行的話，在性質上也基本是象徵性的。

例如，隨着西雅圖的示威活動而來的是，富國代表們與世界貿易組織總幹事一起向全世界的觀眾保證，他們願意改革這一經濟機構的規則和結構，使它向着更加透明和負責任的方向發展。然而，三年過去

了，人們並沒有看到他們採取任何具體的步驟來兌現這些承諾。當然，發展中國家提出要重新審查存在問題的程序，應它們的這一強烈要求，世界貿易組織一直都在舉行全體理事會會議。但是，控制世界貿易組織的北半球強權政府的代言人已清楚地表示，他們認為現存的布局具有法律約束力。在他們看來，只有在新一輪全面多邊談判的情況下，世界貿易組織才能致力於解決程序問題，而且談判必須根據許多發展中國家和特定論保護主義組織有爭議的那些規則來進行。

這種以溫和的改革主義的新言論來鞏固全球主義範式的新策略可能會在短期內奏效，但是從長遠來看，全球不平等的加劇和接連不斷的社會不穩定中潛伏着發動反動社會力量的可能性。與這些力量相比，就連20世紀三四十年代給千百萬人帶來苦難的力量也相形見絀。確實，如最近的事態所示，全球化的生死存亡將取決於它能否實現根本轉變。為了防止全球主義與其反對者之間的激烈衝突進一步升級，世界領導者必須設計並實施全面的「全球新政」。

這一全球新政的核心是，在全世界認真努力地構建休戚相關的網絡。這樣一輪宏大談判中最重要的肯定是要求富國一方做出真誠的、改善南北關係的承諾。2002年1月，在巴西召開的世界社會論壇峰會——普世論保護主義在達沃斯新自由主義的世界經濟論壇之外的另一選擇——吸引了五萬多名與會者。他們圍

繞全球管理、社會和經濟平等及人權問題，討論了一大批旨在轉變全球化現狀的提案。具體的政策提議包括(但並不僅限於)下面列舉的項目。

1. 一個為南半球而制訂的「馬歇爾計劃」，它包括減免第三世界的債務
2. 為國際金融交易徵稅
3. 取消那些為富人和公司提供避稅港的海外金融中心
4. 執行嚴格的全球環境協議
5. 執行更加公平的全球發展議程
6. 建立一個新的世界開發機構，主要由北半球國家通過金融交易稅之類的措施來提供財政支持，並且主要由南半球國家來實施管理
7. 建立國際勞工保護標準，或許把這些標準作為深度改革後的世界貿易組織的條款
8. 國際機構和國家政府為公民提供更高程度上的透明性和更多責任感
9. 使所有全球化的管理都對性別問題明確保持敏感性

無疑，「九一一」恐怖主義襲擊及隨後在阿富汗和伊拉克的反恐戰爭，已嚴重影響了全球化名下社會進程的形態和發展方向。人類已經處在另一個關鍵時刻。除非我們願意眼看着全球不平等發展到這樣的程度——為特定論保護主義暴力吸納新成員——否則此時，我們就必須把全球化的未來道路與深入的改革主義日程聯繫起來。如我在本書自始至終所強調的，全

球化帶來的社會相互依存的多數表現並沒有問題。然而，這些轉變性的社會進程必須能挑戰當前全球種族隔離的壓迫性結構(它把世界劃分為一個享有特殊利益的北半球與一個貧困的南半球)。如果這果真能夠實現，全球化將會帶來一種真正民主和平等的全球秩序。

推薦閱讀書目

There is a great deal of academic literature on globalization, but many of these books are not easily accessible to those who are just setting out to acquire some knowledge of the subject. However, readers who have already digested the present volume may find it easier to approach some of the academic works listed below While these books do not exhaust the long list of publications on the subject, they nonetheless represent what I consider to be the most appropriate sources for further reading. Indeed, my own writing on globalization has greatly benefited from consulting these works. Some of them have influenced the arguments made in the present volume. Following the overall organization of this series, however, I have kept direct quotations to a minimum. Still, I wish to acknowledge my debt to the authors below, whose intellectual contributions to this book are not always obvious from the text.

Chapter 1

Among the most influential academic books on globalization are Anthony Giddens, *The Consequences of Modernity* (Polity Press, 1990) and *Runaway World* (Routledge, 2000); Fredric Jameson and Masao Miyoshi (eds.), *The Cultures of Globalization* (Duke University Press,1998);David Held, Anthony McGrew, David Goldblatt, and Jonathan Perraton (eds.), *Global Transformations* (Stanford University Press,1999);Roland Robertson, *Globalization* (Sage Publications, 1992); James H. Mittelman (ed.), *Globalization* (Lynne Rienner, 1996) and *The Globalization Syndrome* (Princeton University Press, 2000); Martin Albrow, *The Global Age* (Stanford University Press, 1997); Malcolm Waters, *Globalization*, 2nd edn. (Routledge, 2001); and Jan Aart Scholte, *Globalization* (St Martin's Press, 2000).

Manuel Castells' three-volume set, *The Information Age* (Blackwell, 1996-8), constitutes one of the most comprehensive attempts to map the contours of the global information age. Perhaps the most sophisticated critique of globalization theory is contained in Justin Rosenberg's *The Follies of Globalisation Theory*

(Verso, 2000). For representative collections of influential essays and excerpts on globalization, see Frank J. Lechner and John Boli (eds.), *The Globalization Reader* (Blackwell, 2000); and Patrick O'Meara, Howard D. Mehlinger, and Matthew Krain (eds.), *Globalization and the Challenges of the New Century* (Indiana University Press, 2000). David Held and Anthony McGrew's *The Global Transformation Reader* (Polity Press, 2000) provides an excellent introduction to the academic globalization debate.

More information on the nature and role of the commercial enterprises mentioned in the chapter can be found on the Internet: www.tbsjournal.com/Jazeera;www.timex.com; www.kalashnikov.guns.ru.

The parable of the blind scholars and the elephant most likely originated in the Pali Buddhist Udana, a collection of Buddhist stories compiled in the 2nd century BCE. The many versions of the parable spread to other religions as well, especially to Hinduism and Islam.

Chapter 2

My discussion in the early part of this chapter has greatly benefited from the arguments made in Jared Diamond's Pulitzer Prize-winning book *Guns, Germs, and Steel* (WW Norton, 1999). I further recommend two general surveys of world history: J. M. Roberts, *A Short History of the World* (Oxford University Press, 1993); and Howard Spodek's college textbook *The World's History*, 2nd edn. (Prentice Hall, 2001).

Held's *Global Transformations* and Scholte's *Globalization* provide useful periodizations of globalization. The best translation of *The Communist Manifesto* can be found in Terrell Carver (ed.),*Marx: Later Political Writings* (Cambridge University Press, 1996).

Chapter 3

Short, accessible introductions to economic globalization include Wayne Ellwood, *The No-Nonsense Guide to Globalization* (New Internationalist Publications, 2001); Sarah Anderson and John Cavanagh with Thea Lee, *Field Guide to the Global Economy* (The New Press, 2000); Kavaljit Singh, *Taming Global Financial Flows* (Zed Books, 2000); and Edward Luttwak, *Turbo-Capitalism* (HarperCollins,1999).More academic accounts include Robert

Gilpin, *Global Political Economy* (Princeton University Press, 2001); Paul Hirst and Grahame Thompson, *Globalization in Question*, 2nd edn. (Polity Press, 1999); Ankie Hoogvelt, *Globalization and the Postcolonial World*, 2nd edn. (The Johns Hopkins University Press, 2001); Will Hutton and Anthony Giddens (eds.), *Global Capitalism* (The Free Press,2000);and Leslie Sklair, *The Transnational Capitalist Class* (Blackwell, 2001).

An enlightening and very readable study of the Internet's pivotal role in our age of globalization is provided by Manuel Castells in *The Internet Galaxy* (Oxford University Press, 2001).

The best sources for data on economic globalization are the annual editions of the UN *Human Development Report* (Oxford University Press), and the World Bank's *World Development Report* (Oxford University Press).

Chapter 4

David Held's seven points describing the Westphalian model can be found in Held *et al.*, *Global Transformations*, pp. 37-S. My own discussion of political globalization has greatly benefited from insights contained in Chapter 1 of Held's study.

For the arguments of hyperglobalizers, see Lowell Bryan and Diana Farrell *Market Unbound* (John Wiley & Sons, 1996); Kenichi Ohmae, *The End of the Nation-State* (The Free Press, 1995) and *The Borderless World*(Harper Business, 1990); and Lester Thurow, *The Future of Capitalism*(William Morrow, 1996).

For the arguments of the globalization sceptics, see Ethan B. Kapstein, *Sharing the Wealth*(WW Norton, 1999); Peter Gowan, *The Global Gamble*(Verso, 1999); Daniel Singer, *Whose Millennium?* (Monthly Review Press,1999); and Linda Weiss, *The Myth of the Powerless State* (Cornwell University press, 1998). Saskia Sassen's important work on international migration and global cities contains both sceptical and hyperglobalist arguments. See, for example, *Losing Control? Sovereignty in an Age of Globalization* (Columbia University Press, 1996).

On the topic of global politics and governance, see Vincent Cable, *Globalization and Global Governance* (The Royal Institute of International Affairs, 1999; Raimo Väyrynen, *Globalization and Global Governance* (Rowman & Littlefield,

1999); Richard Falk, *Predatory Globalization* (Polity Press, 1999); David Held, *Democracy and the Global Order* (Stanford University Press, 1995); and Daniele Archibugi, David Held, and Martin Koehler (eds.), *Re-Imagining Political Community* (Stanford University Press, 1998).

David Held's elements of cosmopolitan democracy are taken from Daniele Archibugi and David Held (eds.), *Cosmoplitan Democracy* (Policy Press, 1995), pp.96-120.

Chapter 5

For two comprehensive studies on the cultural dimensions of globalization, see John Tomlinson, *Globalization and Culture* (University of Chicago Press, 1999); and Fredric Jameson and Masao Miyoshi (eds.), *The Cultures of Globalization* (Duke University Press, 1998).

For the arguments of pessimistic hyperglobalizers, see Benjamin Barber, *Jihad vs. McWorld* (Ballantine, 1996); Serge Latouche, *The Westernization of the World* (Polity Press, 1996); and George Ritzer, *The McDonaldization of Society* (Pine Forge Press, 1993).

For the arguments of optimistic hyperglobalizers, see Francis Fukuyama, 'Economic Globalization and Culture: An Interview with Dr. Francis Fukuyama' at www.ml.com/woml/forum/global2.html; and Thomas Friedman, *The Lexus and the Olive Tree* (Anchor, 2000).

For the arguments of the sceptics, see Arjun Appadurai, *Modernity At Large* (University of Minnesota Press, 1996); Ulf Hannerz, *Transnational Connections* (Routledge, 1996); and Roland Robertson, *Globalization* (Sage, 1992).

For the role of the media, see Robert W. McChesney and Edward S. Herman, *The Global Media* (Cassell, 1997); and David Demers, *Global Media* (Hampton Press, 1999).

The figures on TV advertising are taken from Television Bureau of Advertising, 'Advertising Volume in the United States', *www.tvb.org*; and Mass Media News, 'Two TV Networks Running 15 Minutes of Ads', www.taa.winona.msus.edu/mediaupdate/OO/ llnov.html.

Accessible introductions to globalization and the environment include Hilary French, *Vanishing Borders* (WW Norton, 2000); and Chapter 8, 'Catastrophe in the Making: Globalization and the Environment' in Held et al., *Global Transformations*.

Chapter 6

Portions of this chapter have been adapted from my *Globalism* (Rowman & Littlefield Publishers, 2002). The sources of citations offered in the text boxes of this chapter can also be found in *Globalism*. For additional viewpoints on globalization and ideology, see Pierre Bourdieu, *Acts of Resistance* (The New Press, 1998); Mark Rupert, *Ideologies of Globalization* (Routledge, 2000); and Thomas Frank, *One Market Under God* (Doubleday, 2000).

The poll numbers are taken from Aaron Bernstein, 'Backlash: Behind the Anxiety Over Globalization', *Business Week* (24 April 2000): 44. *The Business Week-* Harris poll on globalization was conducted by Harris Interactive 7-10 April 2000. A total of 1,024 interviews were conducted.

Chapter 7

For a more detailed analysis of the two antiglobalist camps, see my *Globalism*, Chapter 4. For readable accounts of various antiglobalist movements and their recent activities, see Alexander Cockburn, Jeffrey St Clair, and Allan Sekula, *5 Days That Shook the World* (Verso, 2000); and Kevin Danaher and Roger Burbach (eds.), *Globalize* This! (Common Courage Press, 2000).

For various perspectives on the role of WTO, see Jeffrey J. Schott, *The WTO After Seattle* (Institute for International Economics, 2000); Sarah Anderson (ed.), *Views from the South* (First Food Books, 2000); and Lori Wallach and Michelle Sforza, *The WTO* (Seven Story Press, 1999).

Chapter 8

For the discussion of the backlash against globalization in the interwar period, see Karl Polanyi, *The Great Transformation* (Beacon Press, 1944). For accessible and detailed descriptions of the reformist agenda, see Hazel Henderson, *Beyond Globalization* (Kumerian Press, 1999); Jeremy Brecher, Tim Costello, and Brendan Smith, *Globalization From Below* (Southend Press, 2000); and Martin Khor, *Rethinking Globalization* (Zed Books, 2001).